spring and summer knit

산뜻하고 시원한 플랙스로 뜨는

봄여름의 뜨개

아사히 출판 편집부 엮음 ○ 방현희 옮김

마와 면으로 만든 손뜨개 실 '플랙스Flax, 아마사'는 산뜻한 청량감에 적당한 부드러움까지 더해져 피부에 닿는 촉감이 좋은 실이에요. 실 표면은 광택이 없는 질감이어서 평상복이나 외출복 등에 폭넓게 사용할 수 있고, 니트 한 장으로 내추럴, 캐주얼, 여성스러운 분위기 등 기분에 맞는 다양한 옷차림을 즐길 수 있어요.

Contents

소매 트임 풀오버 4

이중 스캘럽 니트 6

심플 스타일 풀오버 8

가로뜨기 심플 니트 9

칠부 소매 롱 카디건 10

판초 스타일 풀오버 12

비침 무늬 카디건 13

대바늘뜨기 스톨 14

비침 가로줄 무늬 니트 15

큰 꽈배기 무늬 조끼 16

교차 무늬 조끼 17

코바늘뜨기 볼레로 18

꽈배기 무늬 가방 19

래글런 소매 풀오버 20

짧은 풀오버 21

봉긋 소매 풀오버 22

비침 무늬 튜닉 24

손뜨개 프린지가 달린 미니 스톨 25

코바늘뜨기 스페어 칼라 26

레이스 무늬 니트 27

모눈뜨기 카디건 28

파인애플 무늬 삼각 숄 30

래글런 소매 카디건 32

모눈뜨기 미니 스톨 33

비침 무늬 풀오버 34

프레임을 감싸 뜨는 똑딱이 파우치 35

- 작품의 편물 실물 크기 36
- 작품 뜨는 방법 40
- 이 책에서 사용한 실 64
- 대바늘뜨기 기초 106
- 코바늘뜨기 기초 109

소매 트임 풀오버

심플한 메리야스뜨기를 바탕으로 소매에는
트임을 넣고 단추를 달아서 포인트를 주었어요.
트임 부분은 오른쪽과 왼쪽의 겹치는 방법에
주의하여 뜨세요.

Design ○ 마쓰모토 에이코   **Making** ○ 안도 에미
Yarn ○ 하마나카 플랙스 Tw
How to make ○ 40쪽

이중 스캘럽 니트

몸판의 밑단은 길이가 다르게 이중으로 떠서
생동감 있는 스캘럽을 만들었어요.
내추럴한 색으로 떠서
캐주얼에도 여성스러운 분위기의 옷에도
잘 어울리는 디자인이랍니다.

Design ◦ 가와이 마유미　**Making** ◦ 호리구치 미유키
Yarn ◦ 하마나카 플랙스 Ly
How to make ◦ 42쪽

스캘럽 scallop
소맷부리나 옷자락 같은 곳에
부채꼴이나 물결 모양의 천을 이어 댄 장식.

심플 스타일 풀오버

몸판 가운데에 비침 무늬를 넣어서
세로 선을 강조했어요.
대부분 메리야스뜨기여서 옷을
처음 뜨는 사람도 부담 없이 뜰 수 있어요.

Design ○ 가와이 마유미 **Making** ○ 고우다 후사코
Yarn ○ 하마나카 플랙스 K
How to make ○ 44쪽

가로뜨기 심플 니트

네모나게 뜨는 몸판은 가로뜨기의 특징을 살리고
어깨와 목둘레에 꽈배기 무늬를 넣었어요.
어깨를 꿰매어 이으면 보트넥이 되고, 입으면 어깨선이
예쁘게 드러나는 프렌치 소매가 된답니다.

Design ○ 마쓰모토 에이코 **Making** ○ 아사다 구미코
Yarn ○ 하마나카 플랙스 Ly
How to make ○ 46쪽

칠부 소매 롱 카디건

굵은 대바늘로 성글게 떠서 가볍게 걸쳐 입을 수 있는
롱 카디건을 만들었어요.
모두 직선으로 뜨고, 자잘한 비침 무늬를 줄무늬처럼 넣었어요.

Design ○ 가와이 마유미   **Making** ○ 마쓰모토 요시코
Yarn ○ 하마나카 플랙스 C
How to make ○ 48쪽

판초 스타일 풀오버

두 종류의 직사각형 편물을 각각 2장씩 떠서 꿰매어 연결했어요.
편물을 연결한 뒤에 목둘레나 진동둘레에
가장자리뜨기를 하지 않아서
옷을 처음 뜨는 사람에게 추천하는 디자인이에요.

Design ○ 마쓰모토 에이코　**Making** ○ 미노다 후쿠에
Yarn ○ 하마나카 플랙스 Ly
How to make ○ 51쪽

비침 무늬 카디건

12쪽과 같은 편물을 뜨고,
배치를 다르게 해서 꿰매면 카디건이 된답니다.
실의 색상에 따라 분위기도 달라져서
내추럴한 옷차림에 잘 어울려요.

Design ○ 마쓰모토 에이코 **Making** ○ 미노다 호쿠에
Yarn ○ 하마나카 플랙스 Ly
How to make ○ 51쪽

대바늘뜨기 스톨

어깨에 걸치기도 하고, 무릎에 덮기도 하고
스톨은 추위 대비용으로도 요긴한 멋스러운 소품이죠.
심플한 반복 무늬이니 무늬 단위로 늘리고 줄여서
사용하기 편리한 길이로 만들어보세요.

Design ○ 마쓰모토 에이코　**Making** ○ 요시하라 구미코
Yarn ○ 하마나카 플랙스 Tw
How to make ○ 56쪽

비침 가로 줄무늬 니트

네모난 편물 2장을 꿰매고 이어서 완성했어요.
편물의 모양을 살린 보트넥은 셔츠에도 블라우스에도
레이어드 할 수 있어 활용성이 뛰어나요.

Design ○ 가와이 마유미　**Making** ○ 이시카와 기미에
Yarn ○ 하마나카 플랙스 C
How to make ○ 54쪽

큰 꽈배기 무늬 조끼

내추럴한 옷차림에도 캐주얼에도
모두 잘 어울려서 유용한 디자인이에요.
꽈배기 무늬는 겉뜨기 이외에도
돌려뜨기와 안뜨기를 사용한 조금은
색다른 무늬랍니다.

Design ◦ 오카 마리코
Yarn ◦ 하마나카 플랙스 Ly
How to make ◦ 57쪽

교차 무늬 조끼

아란 무늬에 이용하는 교차 무늬로
심플한 조끼를 만들었어요.
받쳐 입기 편한 기본 스타일이라
오래 입을 수 있어서 애용하게 될 거예요.

Design ○ 가마타 에미코　**Making** ○ 이즈카 시즈요
Yarn ○ 하마나카 플랙스 Tw
How to make ○ 60쪽

코바늘뜨기 볼레로

길이가 짧고 단추 1개가 달린
멋스러운 옷을 디자인했어요.
청바지와 함께 수수하게, 원피스와 함께
우아하게 연출할 수도 있어요.

Design ○ erico
Yarn ○ 하마나카 플랙스 Ly
How to make ○ 62쪽

꽈배기 무늬 가방

2장의 편물을 연결해 납작하게 만들었어요. 가볍게 쇼핑할 때도 좋고,
보조 가방으로도 사용할 수 있어요. 심플한 옷차림에 포인트를 줄 수도 있어서 유용하답니다.

Design ○ 가네코 쇼코
Yarn ○ 하마나카 플랙스 Ly
How to make ○ 68쪽

래글런 소매 풀오버

가로 줄무늬에 자잘한 비침 무늬를 넣은
기본 길이의 디자인이에요. 12쪽, 13쪽처럼
두 종류의 편물을 각각 2장씩 떠서 만들었어요.

Design ○ 마쓰모토 에이코 **Making** ○ 미노다 후쿠에
Yarn ○ 하마나카 플랙스 K
How to make ○ 70쪽

짧은 풀오버

20쪽과 같은 편물로 소매는 길게,
몸판은 짧게 만든 디자인이에요.
또 다른 분위기를 자아내어 외출용으로
입기에도 좋아요.

Design ◦ 마쓰모토 에이코　**Making** ◦ 미노다 후쿠에
Yarn ◦ 하마나카 플랙스 K
How to make ◦ 70쪽

봉긋 소매 풀오버

몸판과 소매에 비침 무늬를 다르게 넣었어요.
소매는 직사각형으로 뜨고,
주름을 잡아서 몸판에 연결했어요.
목둘레, 소맷부리, 밑단은 이랑뜨기로 줄무늬를
만들어서 전체적으로 균형을 맞춰주었답니다.

Design ○ 마쓰모토 에이코   **Making** ○ 요시하라 구미코
Yarn ○ 하마나카 플랙스 C
How to make ○ 65쪽

비침 무늬 튜닉

충분한 시간을 가지고 떴으면 하는
고급스러운 니트예요.
섬세한 비침 무늬가 익숙해질 때까지는
뜨는 데에 시간이 걸릴 거예요.
한 코 한 코 정성을 들여서 떠보세요.

Design ○ 시다 히토미   **Making** ○ 마키노 게이코
Yarn ○ 하마나카 플랙스 K 라메 100
How to make ○ 72쪽

손뜨개 프린지가 달린 미니 스톨

사슬뜨기, 짧은뜨기, 한길 긴뜨기 등 코바늘뜨기의 기본적인 기법으로 비침 무늬를 만들었어요. 손뜨개 프린지는 실을 잘라서 다는 프린지와는 달리 전체가 레이스 같은 분위기로 완성된답니다.

Design ○ 마쓰모토 마유코
Yarn ○ 하마나카 플랙스 Ly
How to make ○ 78쪽

코바늘뜨기 스페어 칼라

규칙적으로 코를 늘려 떠서 방사형으로 펼쳐지는 비침 무늬가 예쁜 디자인이에요.
깔끔한 라인, 산뜻한 질감이 청량감을 더해준답니다.

Design ○ 가와이 마유미
Yarn ○ 하마나카 플랙스 K
How to make ○ 79쪽

레이스 무늬 니트

단마다 2코 모아뜨기와 걸기코를 하면서
뜨기 때문에 긴장을 늦출 수 없는 무늬예요.
하지만 그만큼 섬세한 레이스 무늬가 만들어져서
가장 아끼는 니트가 될 거예요.

Design ○ 요코야마 준코
Yarn ○ 하마나카 플랙스 K 라메
How to make ○ 80쪽

모눈뜨기 카디건

앞뒤 상관 없이 입을 수 있도록
앞판과 뒤판의 목둘레를 똑같이 만들었어요.
옷에 맞춰서 다양한 스타일로
연출할 수 있어서 좋아요.

Design ○ 오카모토 게이코　**Making** ○ 노로 준코
Yarn ○ 하마나카 플랙스 Ly
How to make ○ 93쪽

파인애플 무늬 삼각 숄

파인애플 무늬 2줄 주변에는 사슬뜨기와 짧은뜨기로 심플한 그물 무늬를 만들었어요.
본체는 네 부분으로 나뉘어 있어서 순서대로 떠나가면 된답니다.

Design ○ Knitting.RayRay(레이레이) **Making** ○ 야마자키 가오리
Yarn ○ 하마나카 플랙스 Ly
How to make ○ 82쪽

래글런 소매 카디건

싱그러운 계절에 어울리는 예쁜 초록색 실로 떴어요.
몸판에 교차 무늬와 구멍 무늬를
같은 간격으로 배치하고,
위쪽에만 단추를 달아주면
볼레로 같은 분위기가 난답니다.

Design ○ 오카 마리코 **Making** ○ 야마자키 유코
Yarn ○ 하마나카 플랙스 K
How to make ○ 86쪽

모눈뜨기 미니 스톨

가운데에서 코를 늘려서 산 같은 모양으로
떠나가는 디자인이에요.
4단을 반복하는 무늬여서 기억하기도 좋아요.
양쪽 가장자리는 지그재그 모양이 된답니다.

Design ○ 하라다 사요코
Yarn ○ 하마나카 플랙스 K 100
How to make ○ 92쪽

비침 무늬 풀오버

몸판은 심플한 메리야스뜨기를 하고, 소매에는
나뭇잎 모양 같은 비침 무늬를 넣어서 청량감 있는
풀오버를 만들었어요. 목둘레, 소맷부리,
밑단의 고무뜨기는 돌려뜨기로 세로선을 강조했어요.

Design ○ 가와지 유미코　**Making** ○ 니시무라 구미
Yarn ○ 하마나카 플랙스 K 100
How to make ○ 98쪽

프레임을 감싸 뜨는 똑딱이 파우치

프레임에 직접 떠넣는 방식은 뜨개가 끝난 뒤에 손이 많이 가지 않아서 완성 시간도 단축할 수 있어요. 다양한 색으로 떠서 각각 물건을 정리해 가방에 넣으면 바로 꺼내 쓸 수 있어서 편리하게 사용할 수 있어요.

Design ○ 후카세 도모미
Yarn ○ 하마나카 플랙스 Ly
How to make ○ 102쪽

작품의 편물 실물 크기

주로 처음 뜨는 부분의 편물 실물 크기입니다. 실제로 뜬 것과 비교해 보고 사진의 편물보다 클 때는 바늘의 호수를 내리고, 작을 때는 바늘의 호수를 올려서 조절하세요. 편물은 신축성이 있으므로 뜨는 방법에 적혀 있는 게이지와 다소 차이가 생길 수 있으니 참고해 주세요.

4, 5쪽 소매 트임 풀오버 메리야스뜨기

6, 7쪽 이중 스캘럽 니트 무늬뜨기B

8쪽 심플 스타일 풀오버 무늬뜨기

9쪽 가로뜨기 심플 니트 메리야스뜨기

10, 11쪽 칠부 소매 롱 카디건 무늬뜨기B

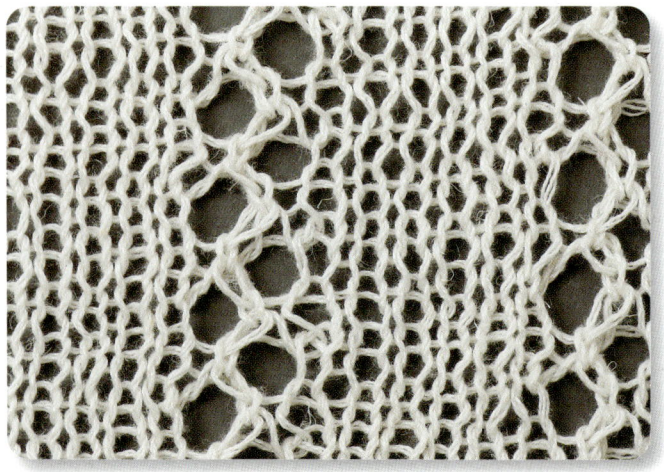

12쪽 판초 스타일 풀오버 메리야스뜨기
※13쪽 비침 무늬 카디건도 동일

14쪽 대바늘뜨기 스톨 무늬뜨기

15쪽 비침 가로 줄무늬 니트 무늬뜨기B

16쪽 큰 꽈배기 무늬 조끼 메리야스뜨기와 무늬뜨기C

17쪽 교차 무늬 조끼 메리야스뜨기와 무늬뜨기

18쪽 코바늘뜨기 볼레로 무늬뜨기A

19쪽 꽈배기 무늬 가방 무늬뜨기

20쪽 래글런 소매 풀오버와
21쪽 짧은 풀오버 무늬뜨기 줄무늬

22, 23쪽 봉긋 소매 풀오버 무늬뜨기A

24쪽 비침 무늬 튜닉 무늬뜨기A

25쪽 손뜨개 프린지가 달린 미니 스톨 무늬뜨기

26쪽 코바늘뜨기 스페어 칼라 무늬뜨기와 짧은뜨기

27쪽 레이스 무늬 니트 무늬뜨기

28, 29쪽 모눈뜨기 카디건 모눈뜨기

30, 31쪽 파인애플 무늬 삼각 숄 무늬뜨기A

32쪽 래글런 소매 카디건 무늬뜨기

33쪽 모눈뜨기 미니 스톨 무늬뜨기

34쪽 비침 무늬 풀오버 메리야스뜨기

35쪽 프레임을 감싸 뜨는 똑딱이 파우치 무늬뜨기

(4,5쪽) 소매 트임 풀오버

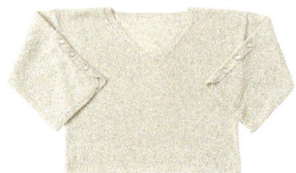

※ 메리야스뜨기의 실물 크기는 P.36

완성 치수 ◦ 가슴둘레 98cm, 길이 51cm,
등솔기~소매 끝 길이 62cm

실 ◦ 하마나카 플랙스 Tw
아이보리 계열(701) 260g

바늘 막힘 ◦ 대바늘 3.3mm, 3.0mm
양쪽 코바늘 3호
(덮어씌워 빼뜨기 잇기용)

기타 ◦ 1.5cm 사각 단추 6개

게이지 ◦ 메리야스뜨기(10×10cm) 25코 30단

뜨는 방법 ◦ 실은 1가닥으로 뜨고, 지정한 바늘로 뜬다.

1 앞뒤판은 일반적인 시작코를 만들어 가터뜨기, 메리야스뜨기로 41쪽의 뜨개 도안대로 뜨는데, 앞판의 목둘레는 좌우를 각각 따로 뜨고, 어깨의 코는 쉬어둔다.

2 소매는 41쪽의 뜨개 도안과 104쪽의 사진을 참조하여 A, B, C의 순서로 뜨고, 뜨개 끝은 코를 쉬어둔다.

3 어깨는 코바늘을 이용해 덮어씌워 빼뜨기 잇기를 한다.

4 소매를 돗바늘을 이용해 코와 단 잇기로 연결하고, 소매 밑 선과 몸판 옆 선을 돗바늘을 이용해 떠서 꿰매기로 잇는다.

5 단추를 단다.

치수 도안

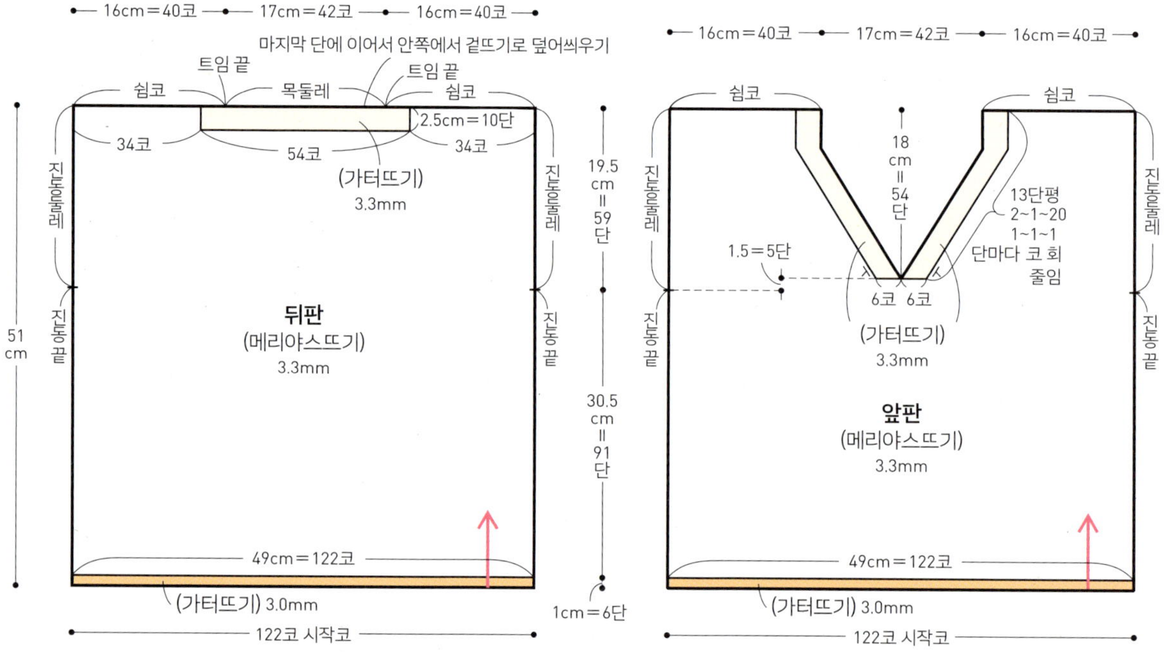

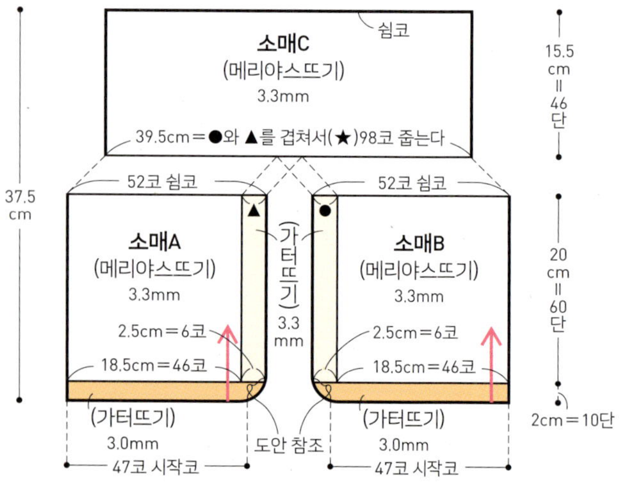

※★은 오른쪽 소매는 ●를 위쪽, 왼쪽 소매는 ▲를 위쪽으로 겹쳐서 코를 줍는다
(104쪽 사진 참조)

마무리 방법

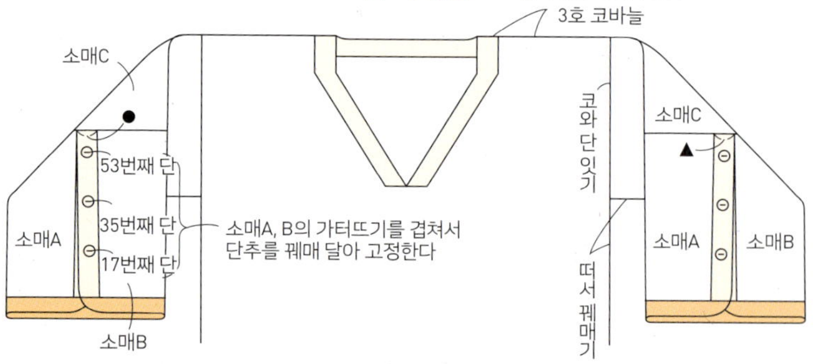

앞판 목둘레 뜨개 도안

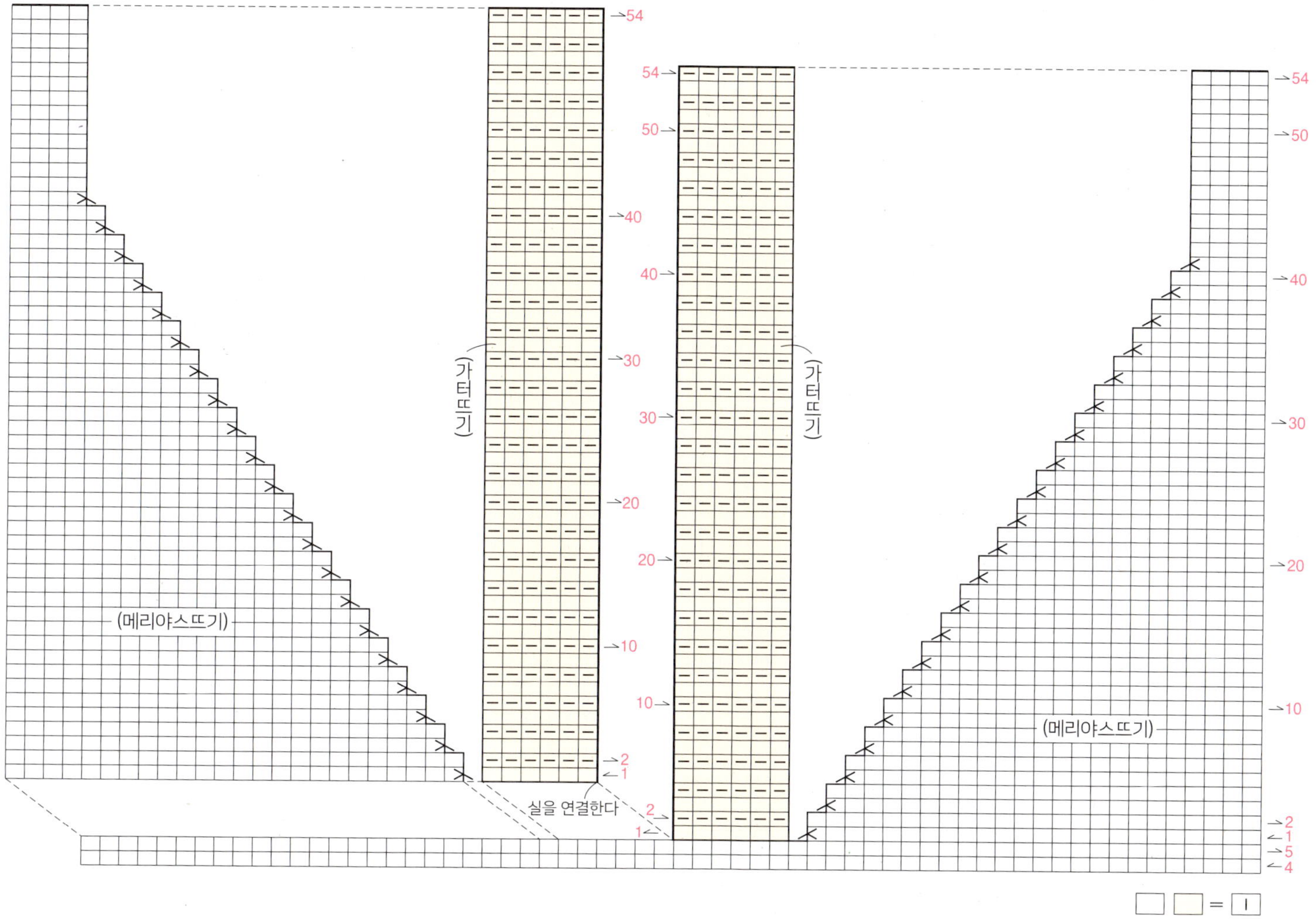

뒤판 목둘레 뜨개 도안

밑단 가터뜨기 뜨개 도안

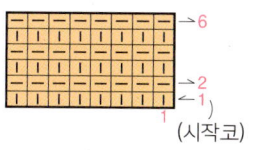

소매 뜨개 도안

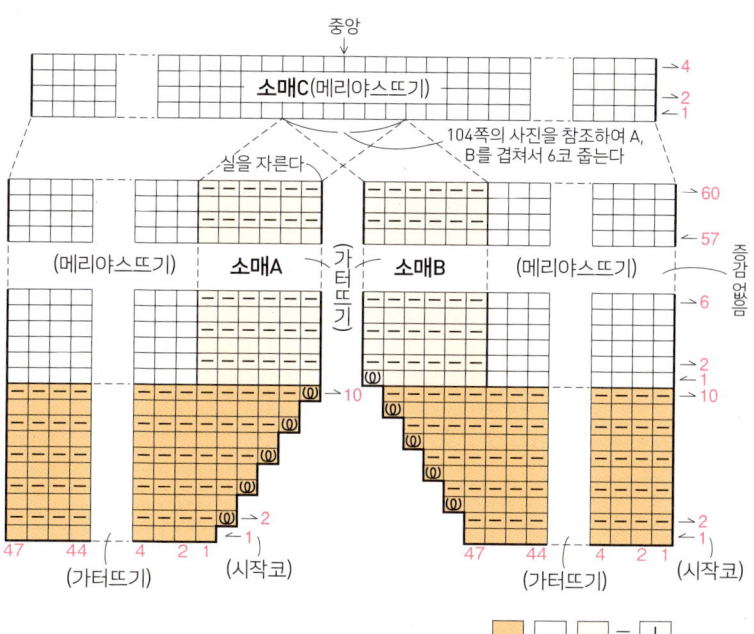

6,7쪽

이중 스캘럽 니트

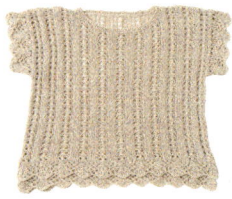

※무늬뜨기B의 실물 크기는 36쪽

완성 치수 ◦ 가슴둘레 112cm, 길이 48.5cm,
등솔기~소매 끝 길이 33.5cm

실 ◦ 하마나카 플랙스 Ly 베이지(802) 210g

바늘 ◦ 대바늘 3.6mm
대바늘 3.9mm(시작코용)
코바늘 4호(덮어씌워 빼뜨기 잇기, 빼뜨기 꿰매기용)

게이지 ◦ 무늬뜨기B(10×10cm) 18코 27단

뜨는 방법 ◦ 실은 1가닥으로 뜬다. 시작코는 3.9mm로,
이외에는 3.6mm로 뜬다.

1 43쪽의 뜨개 도안과 105쪽의 사진을 참조해 뜬다. 프릴은 일반적인 시작코를 만들어 무늬뜨기A, B로 증감 없이 뜨고, 뜨개 끝은 코를 쉬어 둔다. 뒤판은 같은 방법으로 시작코를 만들어 무늬뜨기A, B로 뜨는데, B의 13번째 단에서 프릴을 겹쳐서 뜨고, 어깨의 코는 쉬어 둔다.

2 앞판은 뒤판과 같은 방법으로 뜬다.

3 소매는 프릴과 같은 방법으로 뜨고, 덮어씌우기를 한다.

4 어깨는 코바늘을 이용해 덮어씌워 빼뜨기로 잇고 목둘레에 가터뜨기를 원형으로 뜬다.

5 몸판과 소매는 코바늘을 이용해 빼뜨기로 연결한다.

6 몸판과 프릴의 옆 선, 소매 밑 선을 돗바늘을 이용해 떠서 꿰매기로 잇는다.

치수 도안

※시작코는 대바늘 3.9mm, 이외에는 대바늘 3.6mm

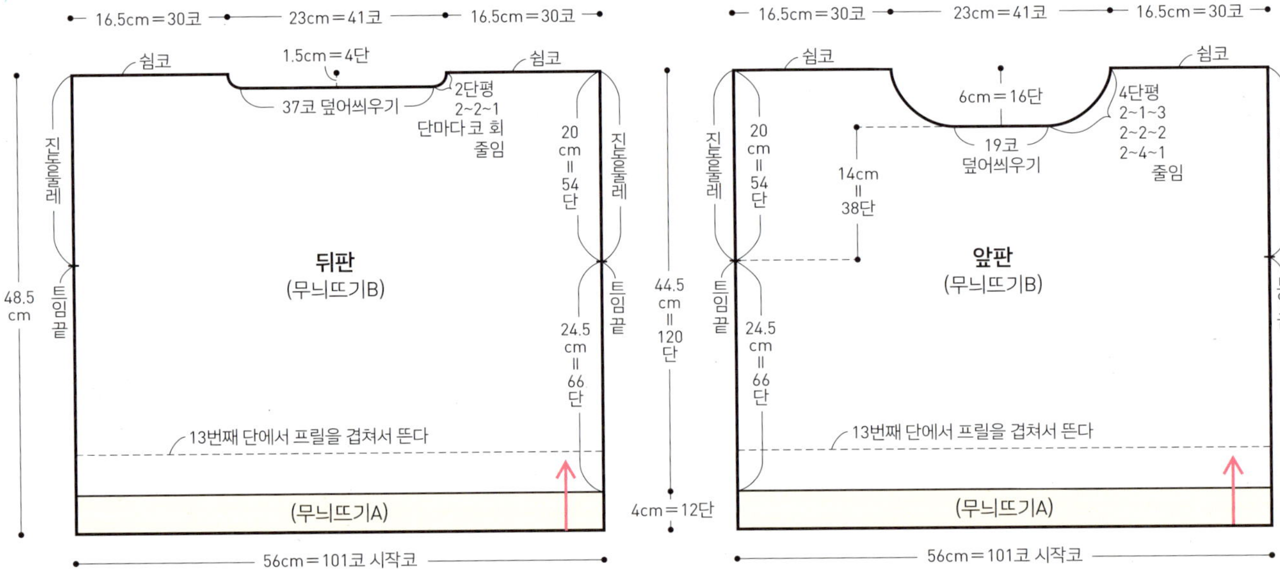

프릴 2장

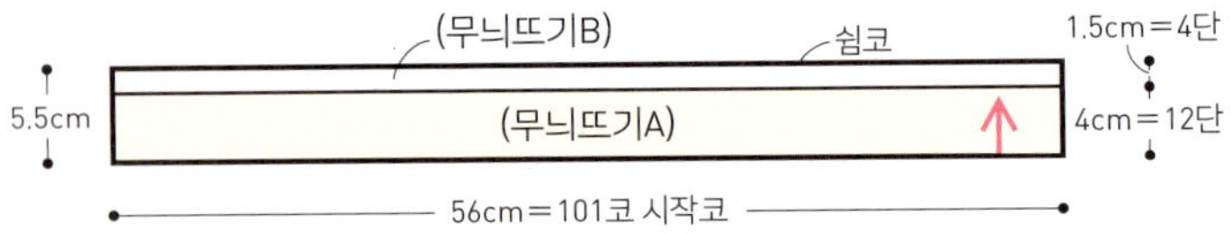

소매 2장

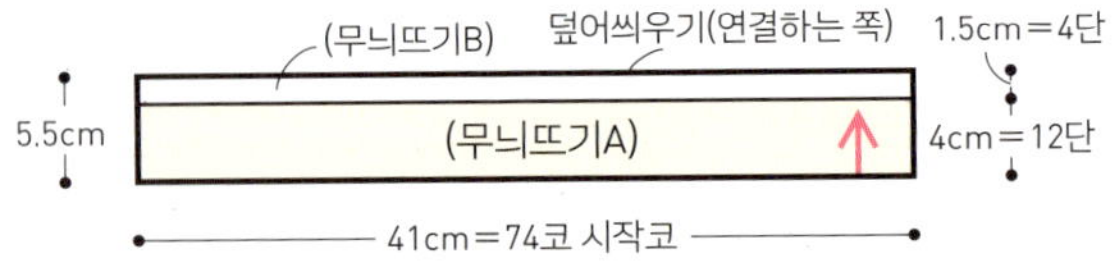

목둘레
(가터뜨기)

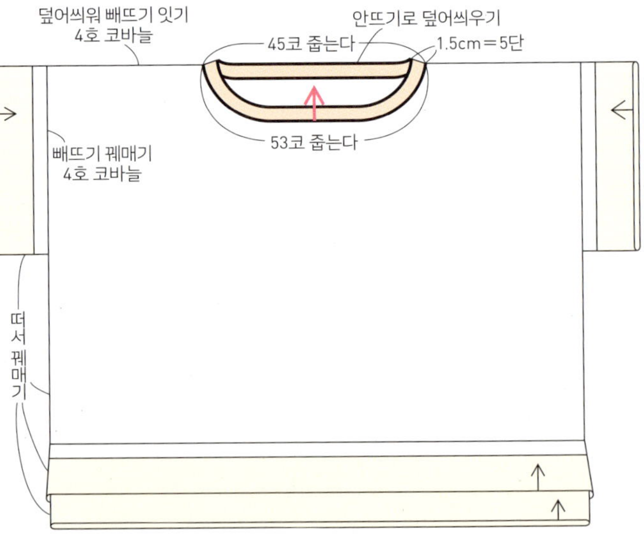

목둘레 가터뜨기 뜨개 도안

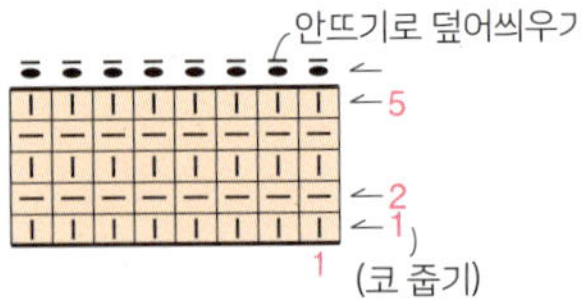

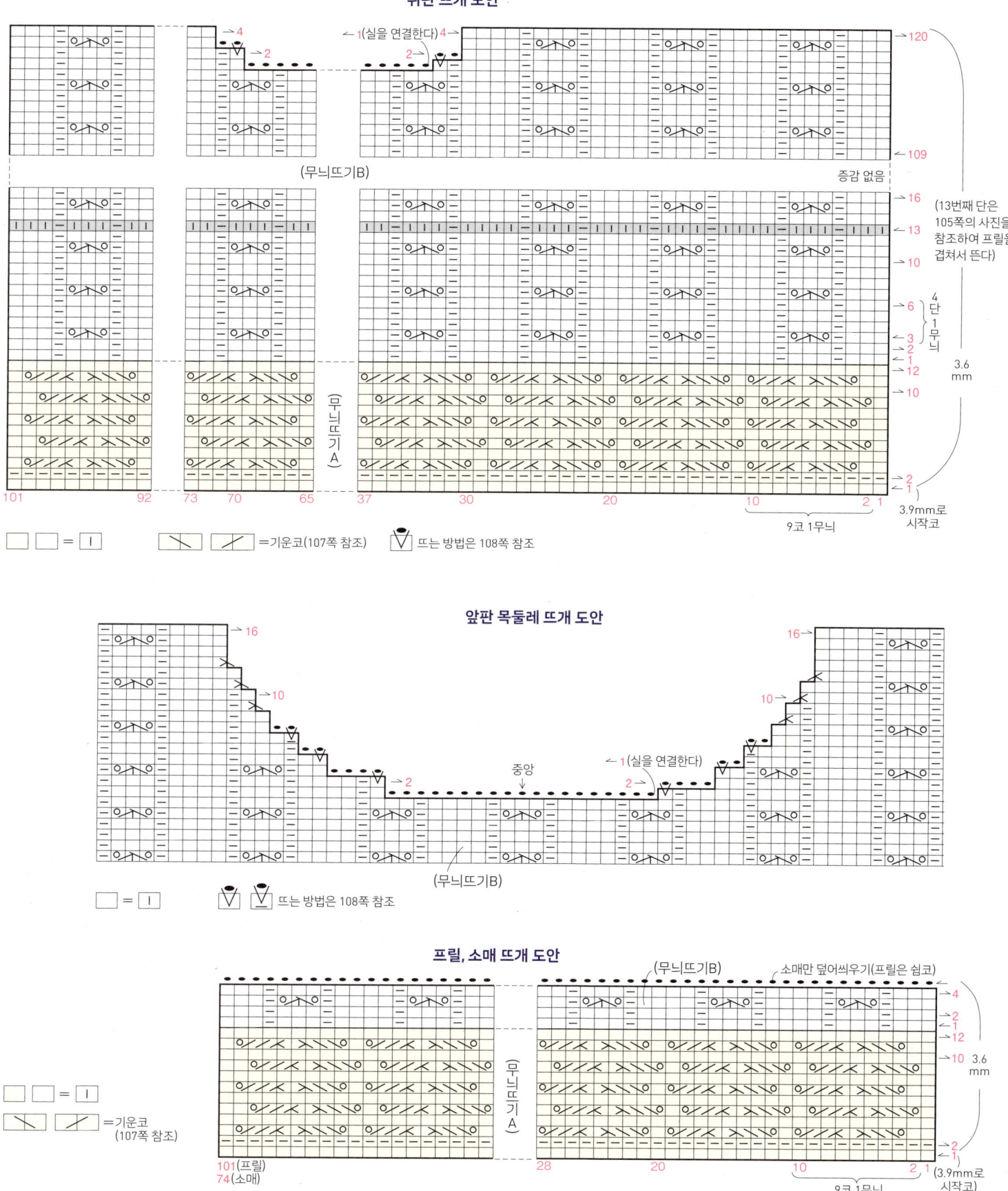

8쪽 심플 스타일 풀오버

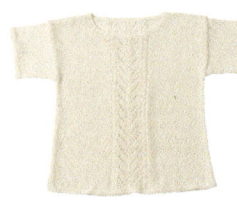

※무늬뜨기의 실물 크기는 36쪽

완성 치수 ◦ 가슴둘레 102cm, 길이 52cm,
등솔기~소매 끝 길이 37.5cm

실 ◦ 하마나카 플랙스 K 흰색(11) 270g

바늘 ◦ 대바늘 3.6mm
코바늘 4호(덮어씌워 빼뜨기 잇기, 빼뜨기 꿰매기용)

게이지 ◦ 메리야스뜨기(10×10cm) 18코 28단
무늬뜨기(10×10cm) 20코 28단

뜨는 방법 ◦ 실은 1가닥으로 뜨고, 지정한 바늘로 뜬다.

1 앞뒤판은 일반적인 시작코를 만들고, 45쪽의 뜨개 도안을 참조하여 가터뜨기, 메리야스뜨기, 무늬뜨기를 한 다음 어깨의 코는 쉬어둔다.

2 소매도 같은 방법으로 시작코를 만들어 가터뜨기, 메리야스뜨기를 하고, 뜨개 끝은 덮어씌우기를 한다.

3 어깨는 코바늘을 이용해 덮어씌워 빼뜨기 잇기를 한다.

4 목둘레에서 코를 주워 가터뜨기를 원형으로 뜨고, 뜨개 끝은 안뜨기로 덮어씌우기를 한다.

5 몸판과 소매는 코바늘을 이용해 빼뜨기 꿰매기로 연결한다.

6 몸판 옆 선과 소매 밑 선을 돗바늘을 이용해 떠서 꿰매기로 잇는다.

치수 도안 ※어깨는 쉼코

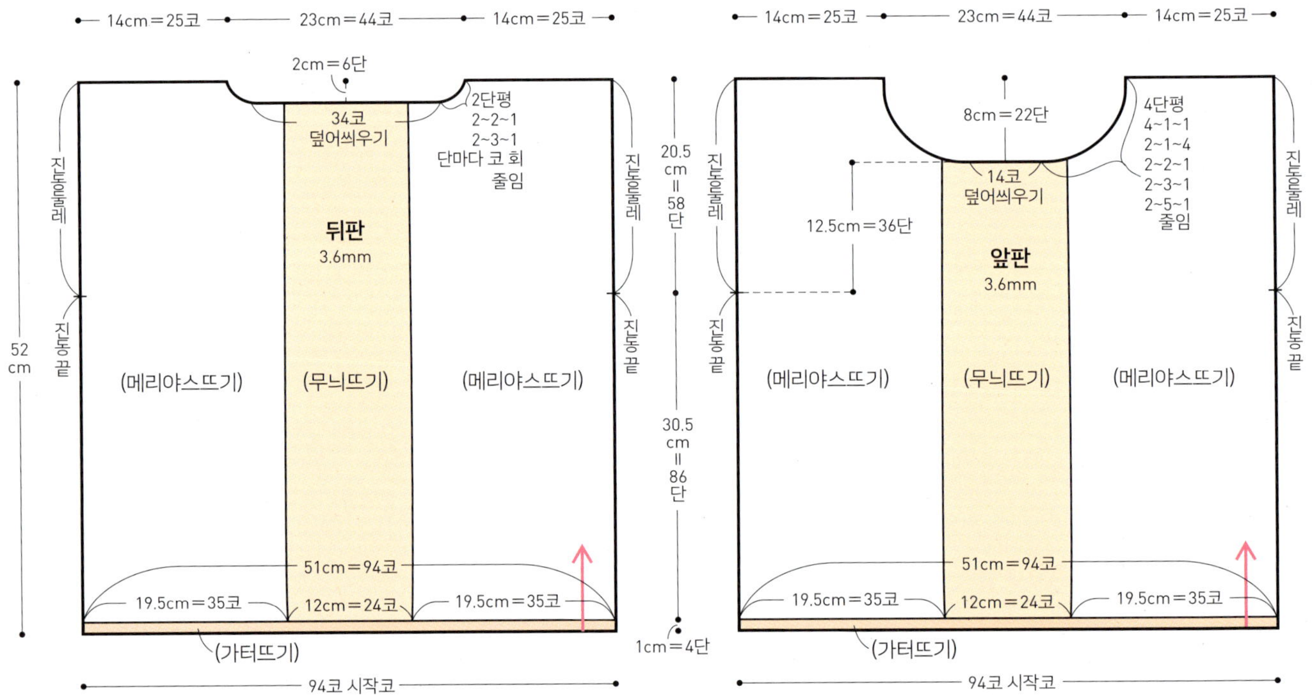

소매 3.6mm

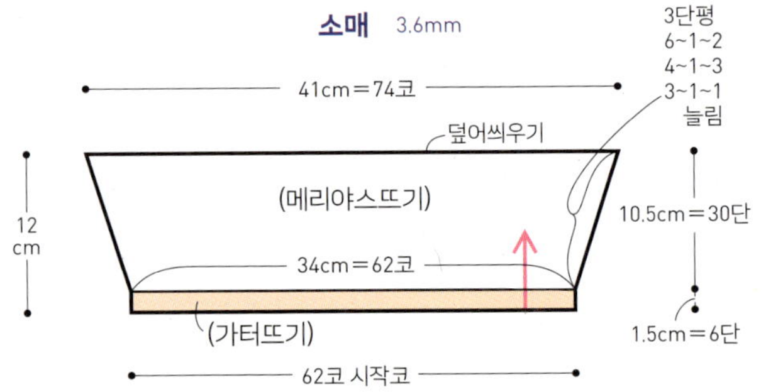

목둘레
(가터뜨기) 3.6mm

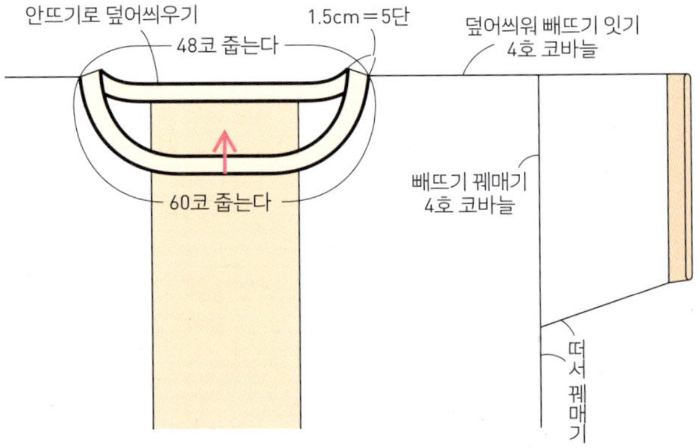

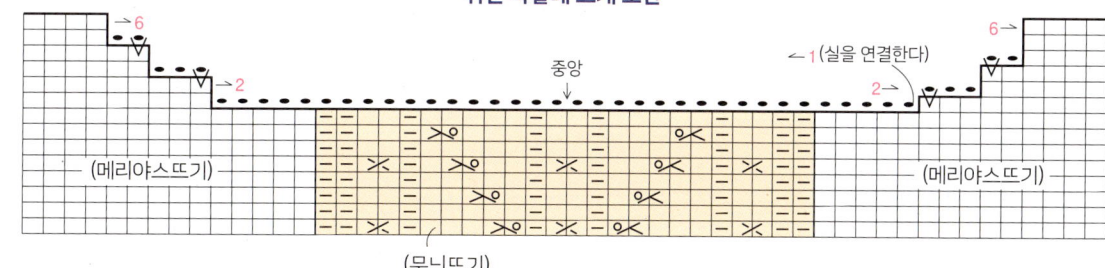

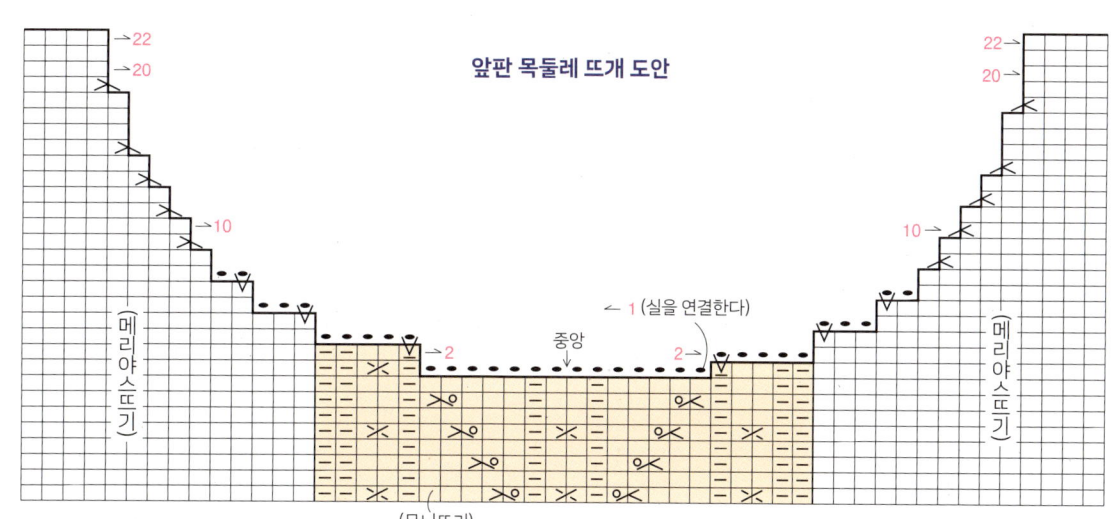
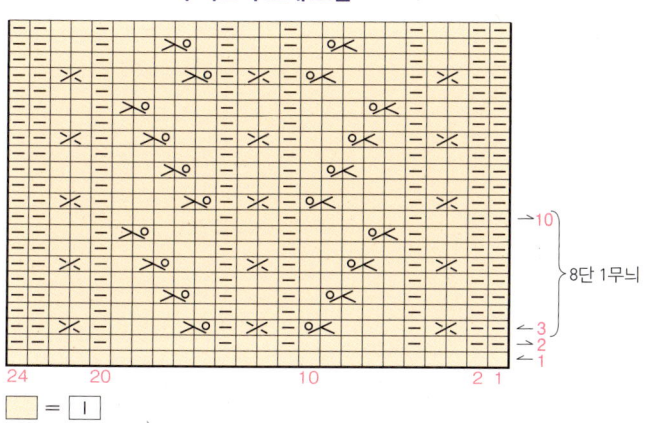

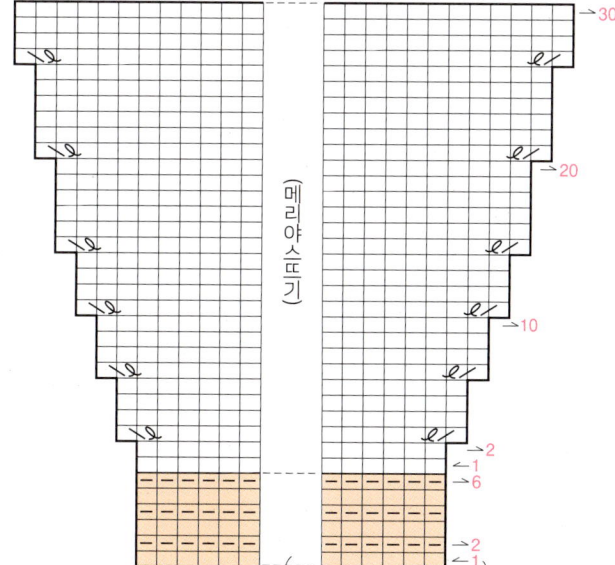
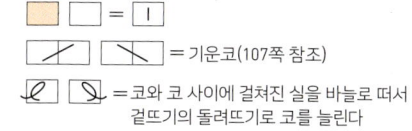

9쪽 가로뜨기 심플 니트

※ 메리야스뜨기의 실물 크기는 36쪽

완성 치수 ◦ 가슴둘레 112cm, 길이 46.5cm,
　　　　　　등솔기~소매 끝 길이 31cm
실 ◦ 하마나카 플랙스 Ly 흰색(801) 230g
바늘 막힘 ◦ 대바늘 3.9mm, 3.6mm
　　　　　코바늘 5호(풀어내는 시작코용)
게이지 ◦ 메리야스뜨기(10×10cm) 24코 31.5단

뜨는 방법 ◦ 실은 1가닥으로 뜨고, 지정한 바늘로 뜬다.
1　몸판은 풀어내는 시작코를 만들어 무늬뜨기A, B, C, 메리야스뜨기로 47쪽의 뜨개 도안대로 증감 없이 뜨고, 뜨개 끝은 코를 쉬어둔다. 같은 것을 2장 뜬다.
2　어깨는 돗바늘을 이용해 떠서 꿰매기로 잇는다.
3　진동둘레를 뜬다. 한쪽 진동둘레는 시작코를 풀어내어 코를 줍고 다른 한쪽 진동둘레는 쉼코에서 코를 주워 가터뜨기를 왕복으로 뜨고, 뜨개 끝은 안쪽에서 겉뜨기로 덮어씌우기를 한 다음 양쪽 가장자리를 돗바늘을 이용해 떠서 꿰매기로 이어서 원형으로 만든다.
4　진동둘레와 같은 방법으로 몸판의 한쪽 옆 선은 시작코를 풀어내어 주운 코, 다른 한쪽 옆 선은 쉼코를 돗바늘을 이용해 메리야스 잇기를 해서 몸판을 원형으로 만든다.

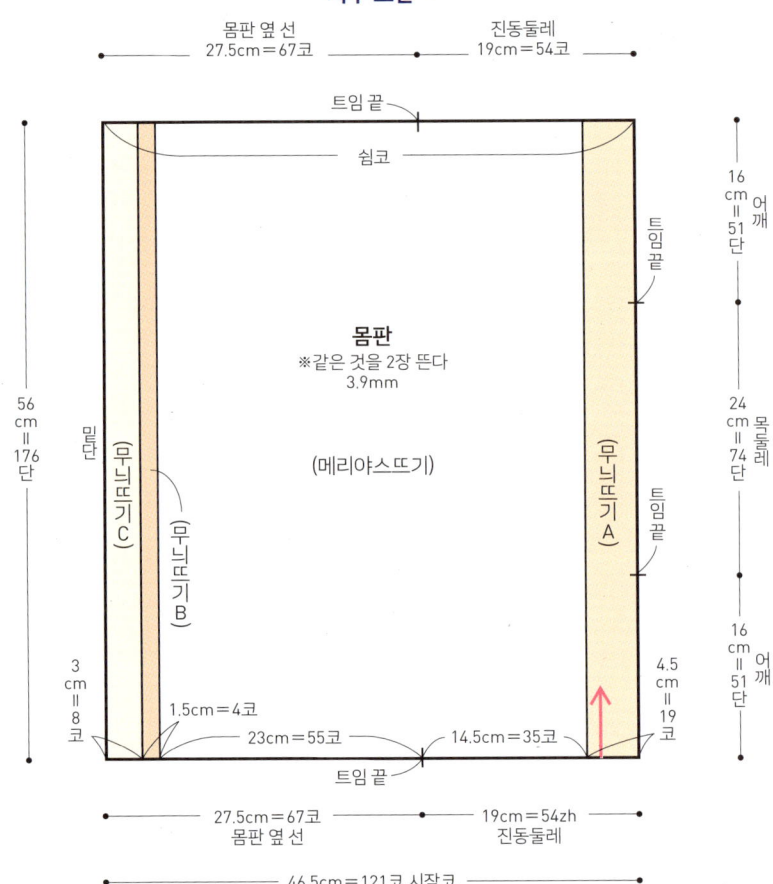

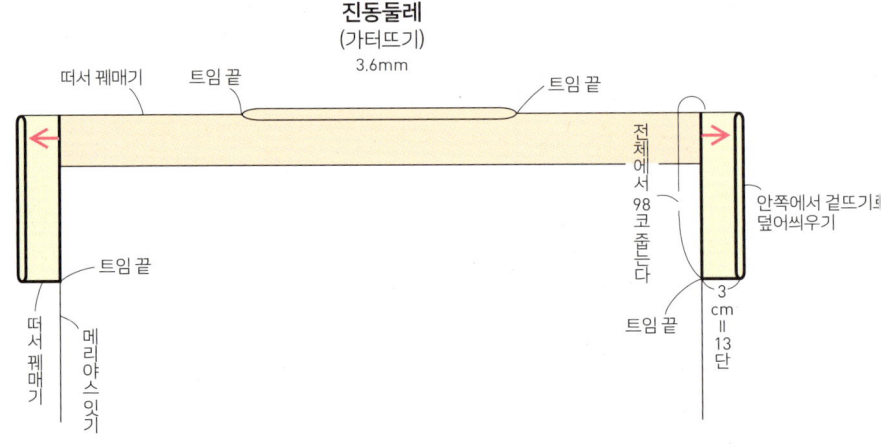

몸판 뜨개 도안

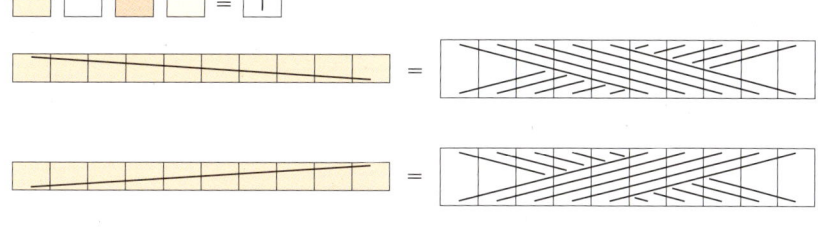

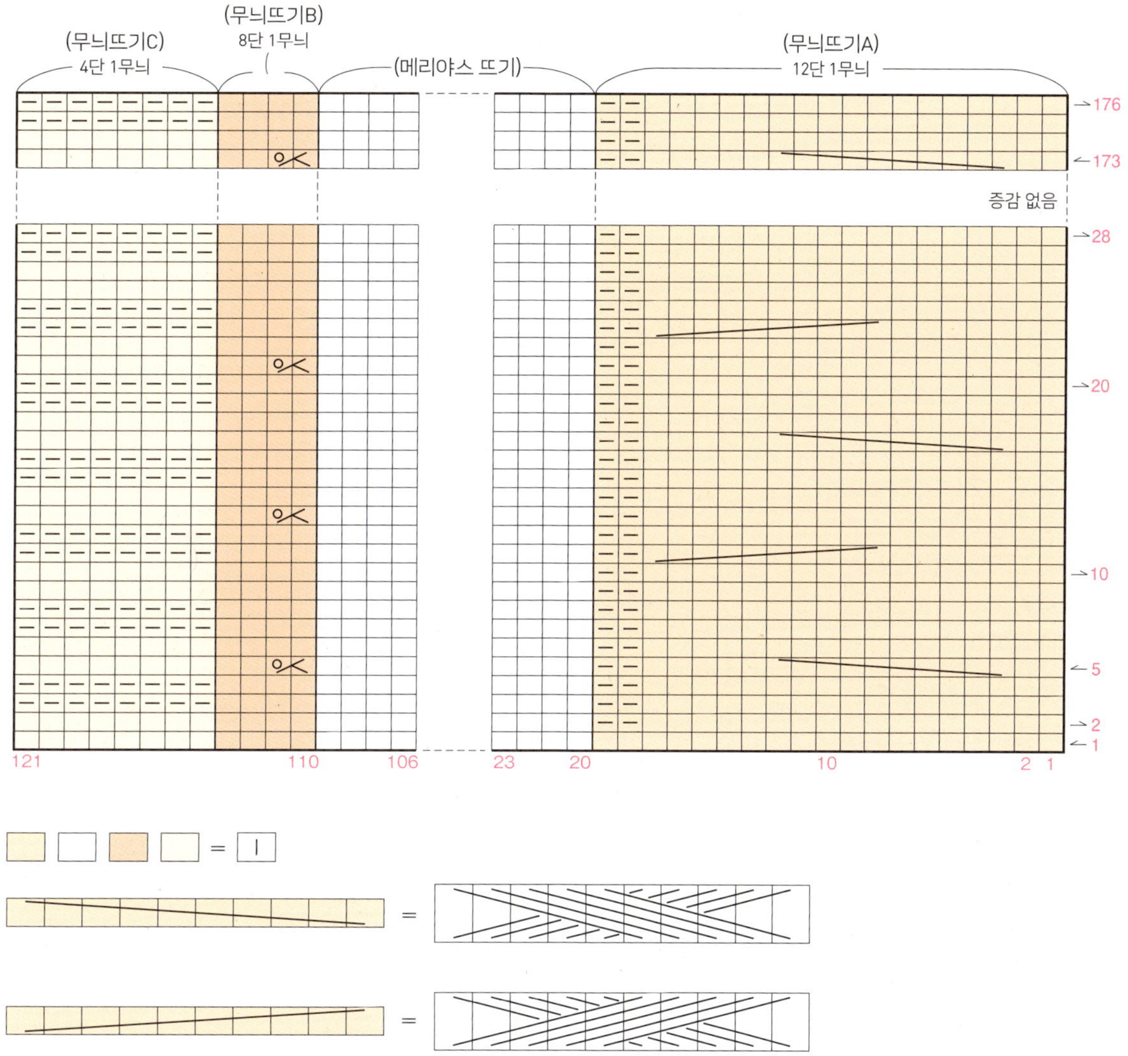

진동둘레 가터뜨기 뜨개 도안

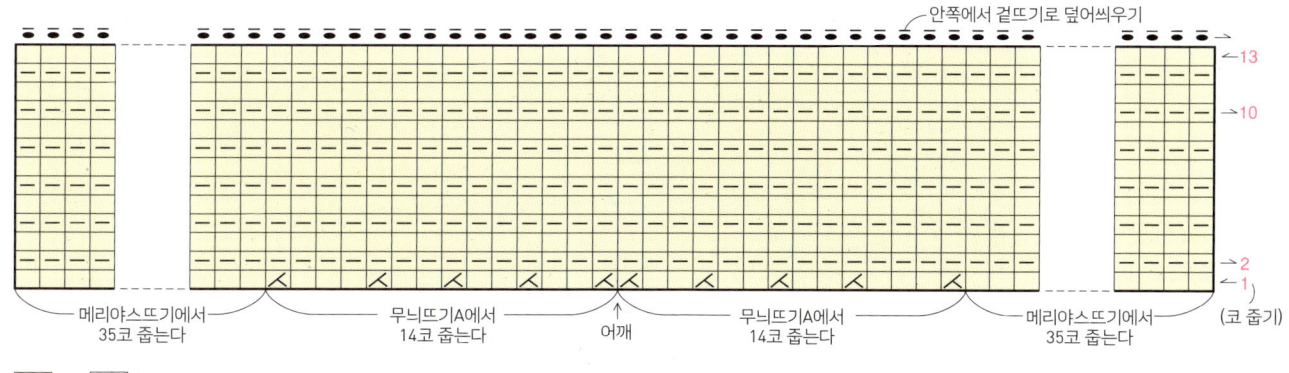

칠부 소매 롱 카디건 (10, 11쪽)

※무늬뜨기B의 실물 크기는 36쪽
※이 작품은 권장 바늘보다 굵은 바늘을 사용해 떴습니다.

완성 치수 ◦ 뒤판 너비 51cm, 길이 75cm, 등솔기~소매 끝 길이 52cm

실 ◦ 하마나카 플랙스 C 흰색(1) 230g

바늘 ◦ 대바늘 3.9mm
코바늘 5호(덮어씌워 빼뜨기 잇기, 빼뜨기 꿰매기, 빼뜨기용)

게이지 ◦ 무늬뜨기B(10×10cm) 16코 28.5단

뜨는 방법 ◦ 실은 1가닥으로 뜨고, 지정한 바늘로 뜬다.

1 앞뒤판, 소매는 일반적인 시작코를 만들어 무늬뜨기A, B로 48~50쪽의 뜨개 도안대로 뜨고, 앞판은 뒤 칼라까지 뜬다.
2 마무리 방법을 참조하여 어깨와 어깨, 좌우 뒤 칼라를 코바늘을 이용해 덮어씌워 빼뜨기 잇기를 한다.
3 뒤판 목둘레와 앞판에 이어서 뜬 뒤 칼라를 돗바늘을 이용해 코와 단 잇기로 연결한다.
4 50쪽의 사진을 참조하여 앞판 가장자리의 첫째 코와 둘째 코 사이에 빼뜨기를 한다.
5 몸판과 소매는 코바늘을 이용해 빼뜨기 꿰매기로 연결하고, 몸판 옆 선과 소매 밑단을 돗바늘을 이용해 떠서 꿰매기로 잇는다.

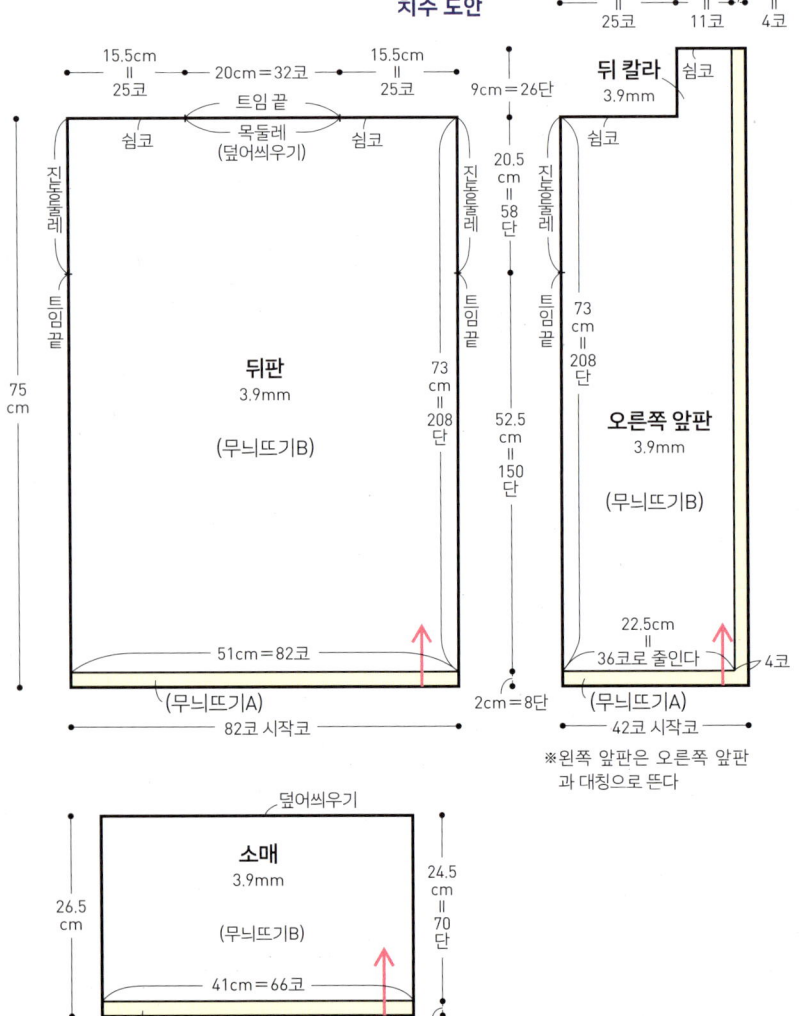

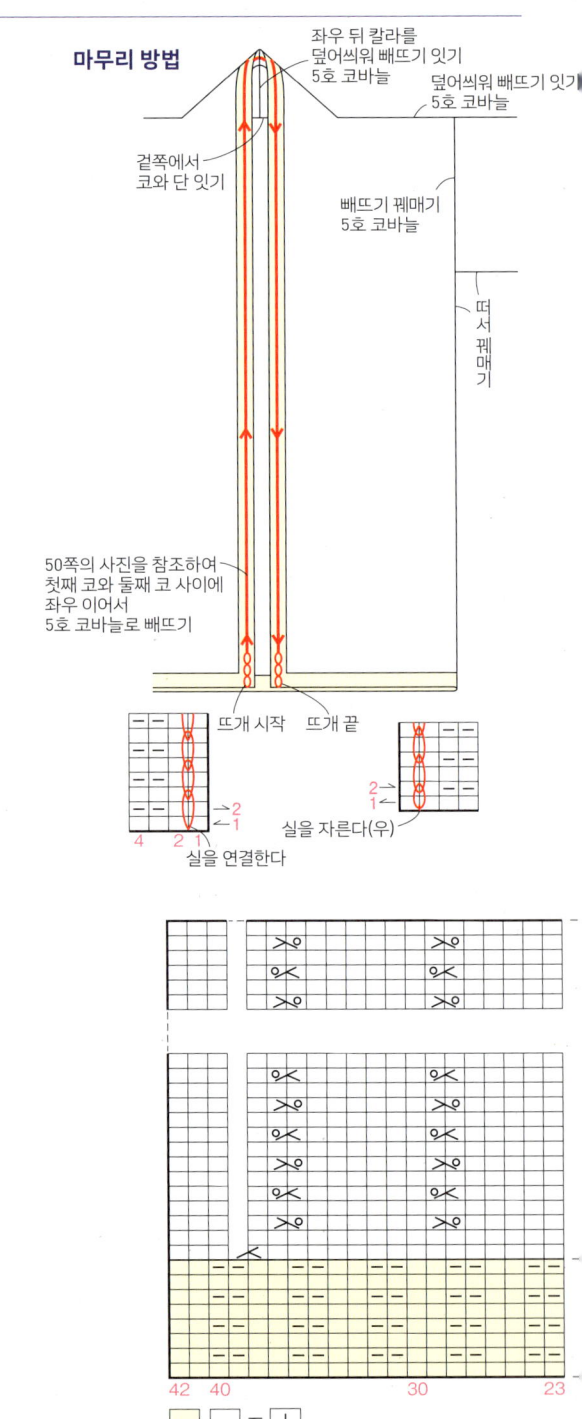

뒤판 뜨개 도안

오른쪽 앞판과 오른쪽 뒤 칼라 뜨개 도안

왼쪽 앞판과 왼쪽 뒤 칼라 뜨개 도안

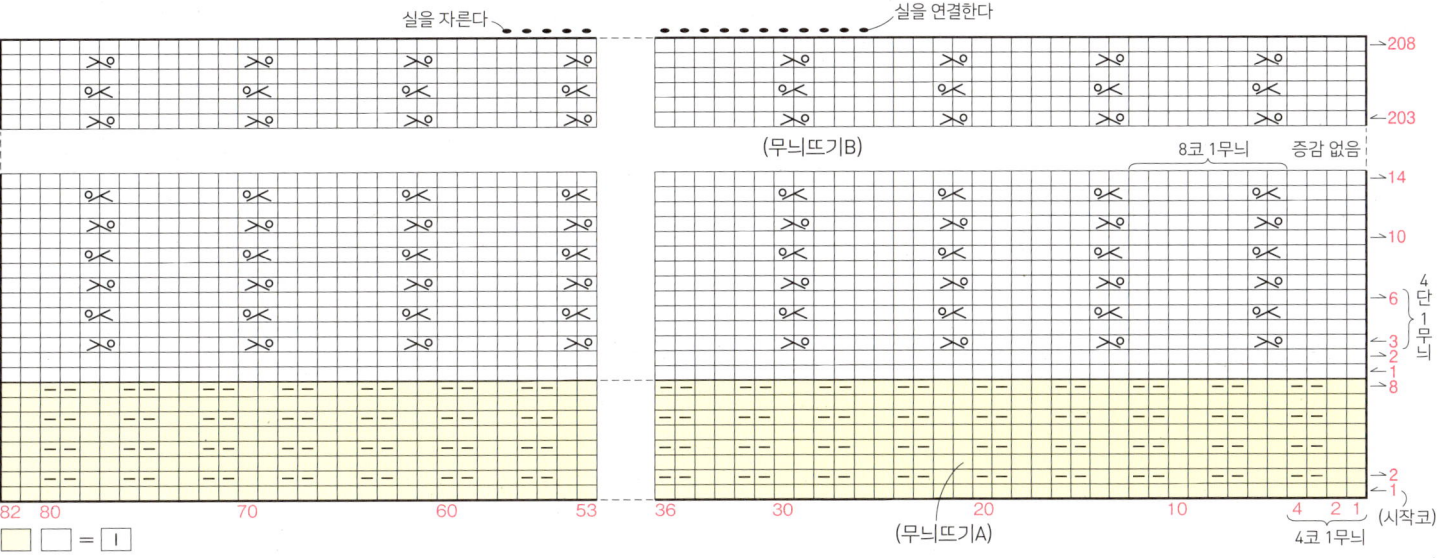

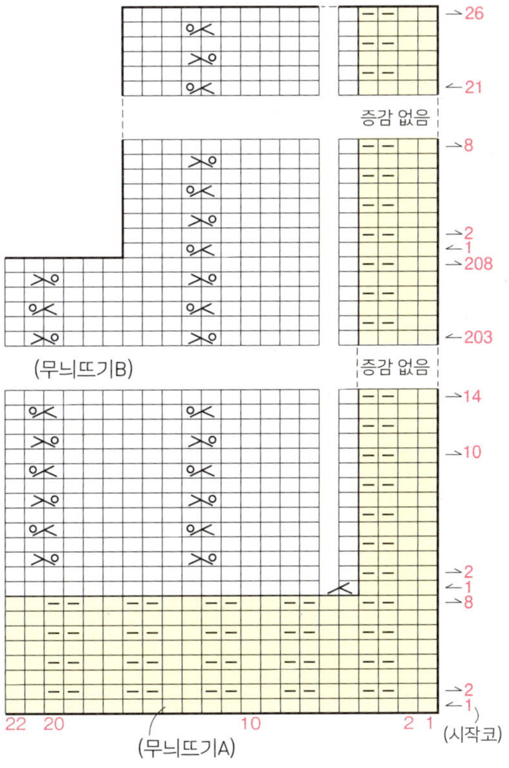

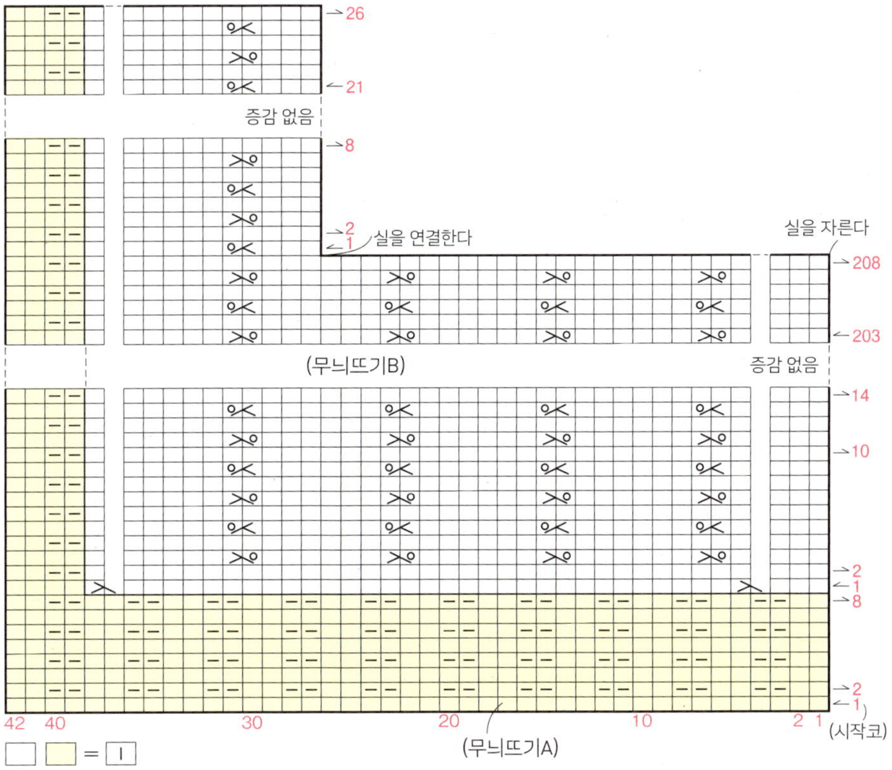

소매 뜨개 도안

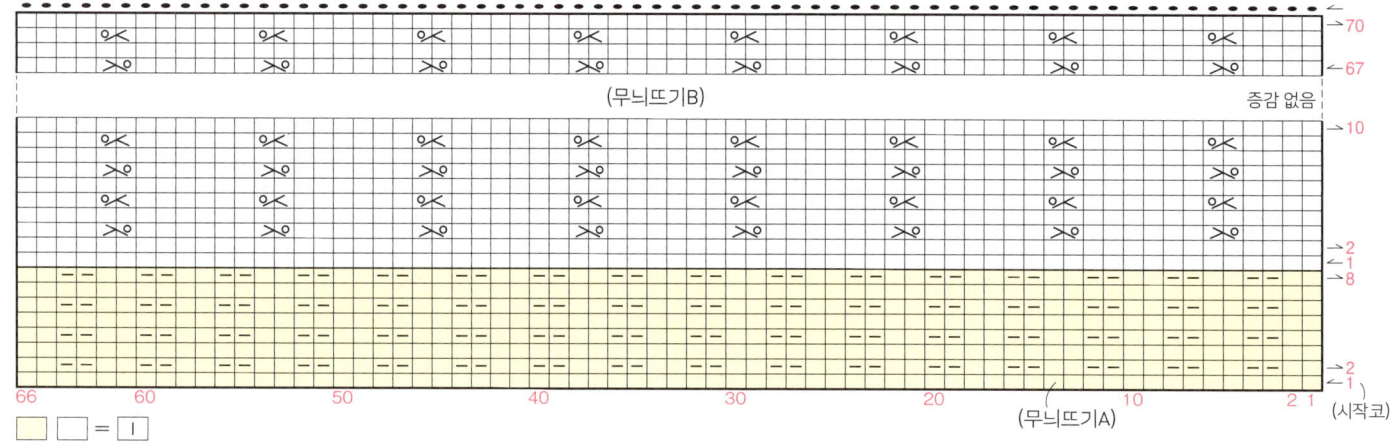

앞판 가장자리 마무리 방법(빼뜨기를 떠넣는다)
※알아보기 쉽도록 다른 색 실을 사용했습니다

❶ 오른쪽 앞판의 앞 가장자리, 첫째 단의 첫째코와 둘째 코 사이에 5호 코바늘을 넣는다.

❷ 코바늘에 실을 걸어 끌어낸다.

❸ ❶, ❷와 같은 방법으로 셋째 단의 첫째 코와 둘째 코 사이에 코바늘을 넣고 실을 걸어 빼낸다.

❹ 코와 코 사이에 빼뜨기를 한 모습.

❺ 같은 방법으로 1단 건너뛰어 코바늘을 넣고 빼뜨기를 한다.(편물이 느슨해지거나 수축하지 않도록 주의.)

❻ 빼뜨기는 오른쪽 앞판에서 뒤 칼라, 왼쪽 앞판까지 계속 이어서 뜬다.

12쪽 판초 스타일 풀오버

13쪽 비침 무늬 카디건

※메리야스뜨기의 실물 크기는 36쪽

완성 치수
- 12쪽 가슴둘레 126cm, 길이 52.5cm,
  등솔기~소매 끝 길이 31.5cm
- 13쪽 뒤판너비 48cm, 길이 52.5cm,
  등솔기~소매 끝 길이 39cm

실(옷 1개 분량) ○ 하마나카 플랙스 Ly 260g
- 12쪽 연청색(804),
- 13쪽 베이지(802)

바늘 ○ 대바늘 3.9mm, 3.6mm

게이지 ○ 메리야스뜨기(10×10cm) 23.5코 31단
무늬뜨기(10×10cm) 25코 31단

뜨는 방법 ● 실은 1가닥으로 뜨고, 지정한 바늘로 뜬다.

1 A, A´는 일반적인 시작코를 만들어 가터뜨기, 2코 고무뜨기, 메리야스뜨기로 52쪽의 뜨개 도안대로 증감 없이 뜨고, 뜨개 끝은 안쪽에서 겉뜨기로 덮어씌우기를 한다.

2 B도 같은 방법으로 시작코를 만들어 가터뜨기와 무늬뜨기를 증감 없이 뜨고, 뜨개 끝도 A, A´와 같은 방법으로 뜬다.

3 53쪽의 배치도를 참조하여 지정한 위치를 돗바늘을 이용해 떠서 꿰매기로 연결한다.

4 53쪽의 마무리 방법을 참조하여 12쪽의 풀오버는 몸판 옆 선을 돗바늘을 이용해 떠서 꿰매기로 잇고, 13쪽의 카디건은 소매 밑단을 돗바늘을 이용해 한 코 감아 잇기, 몸판 옆 선을 떠서 꿰매기로 잇는다.

치수 도안

※옷 1개에 A, A´를 각각 1장, B를 2장 뜬다

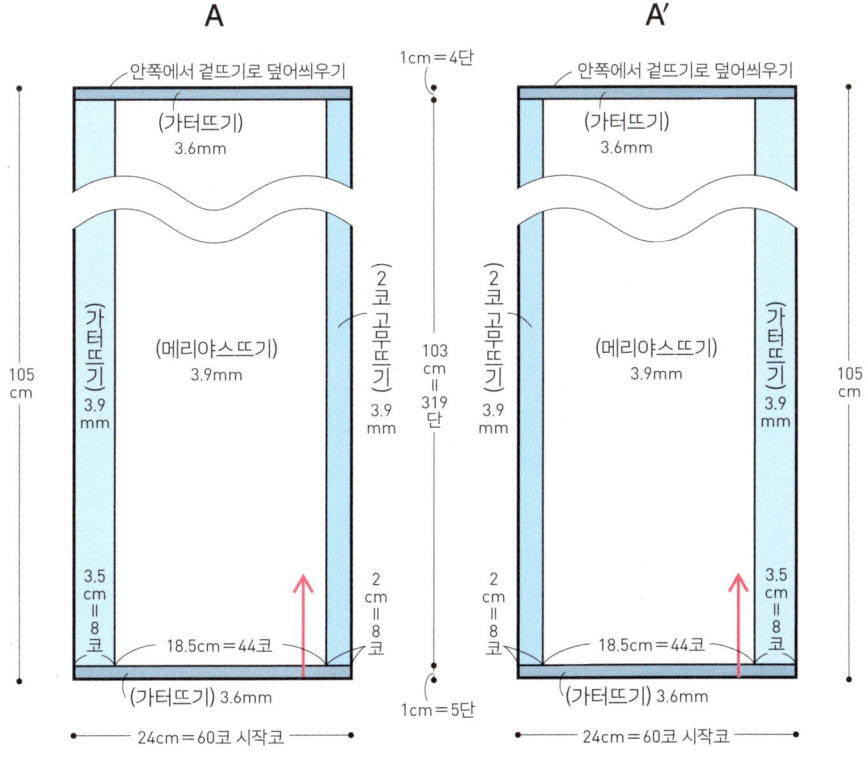
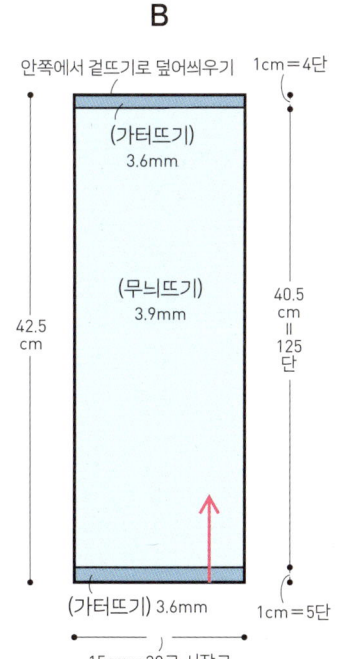

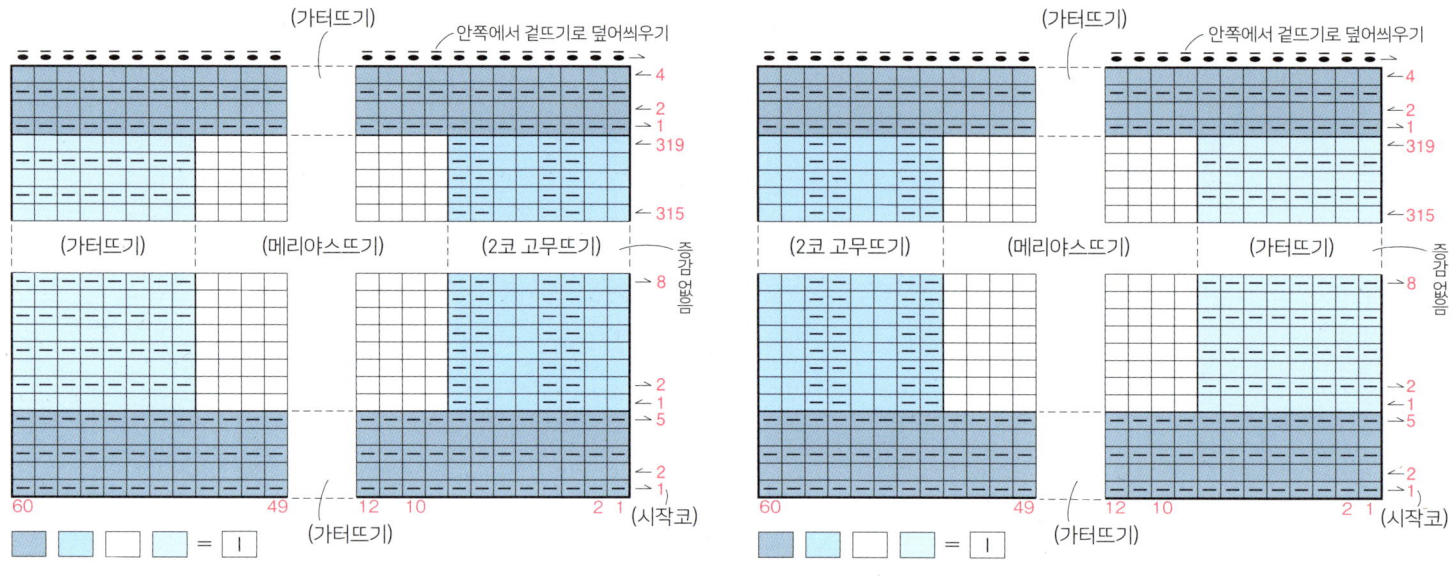

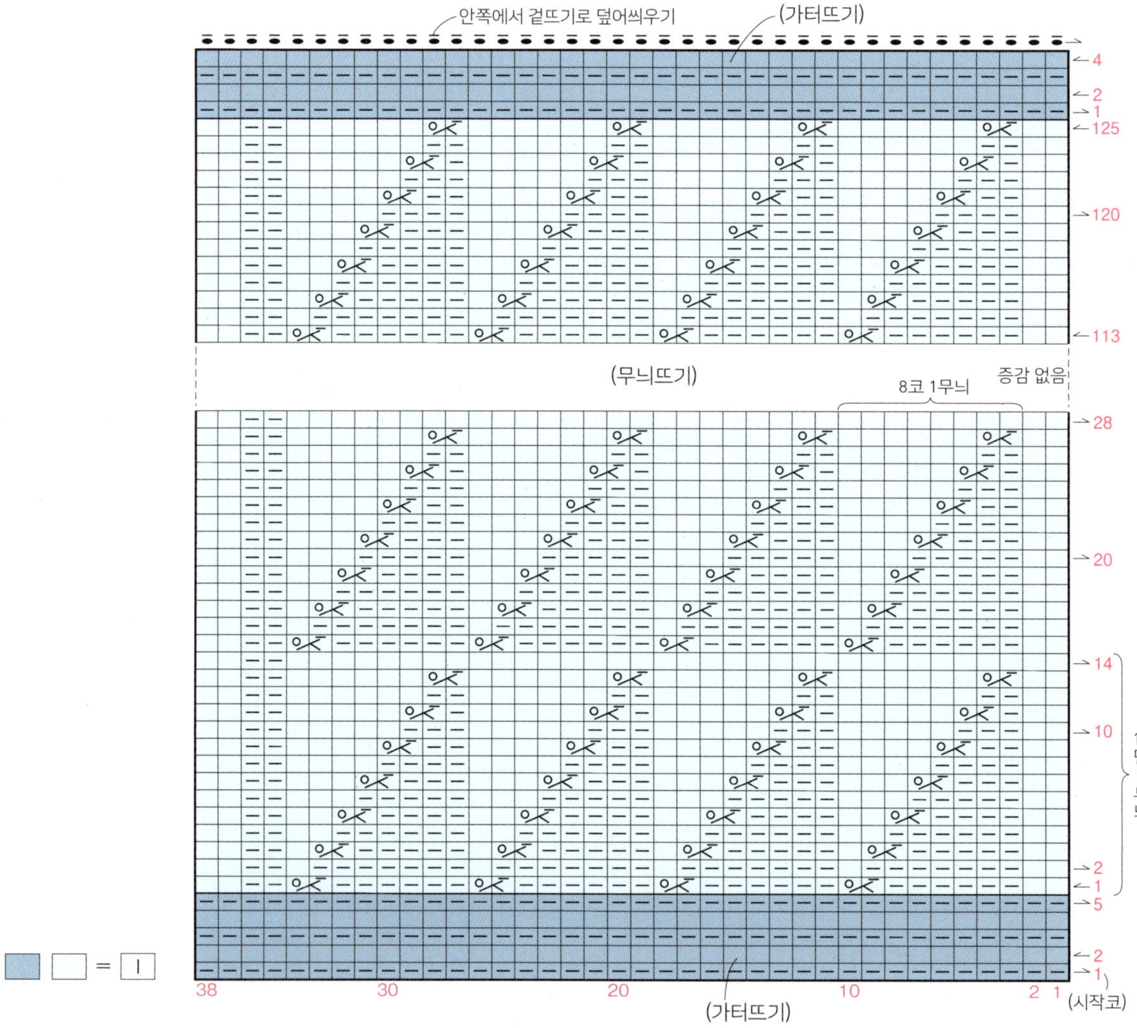

배치도

12쪽 풀오버

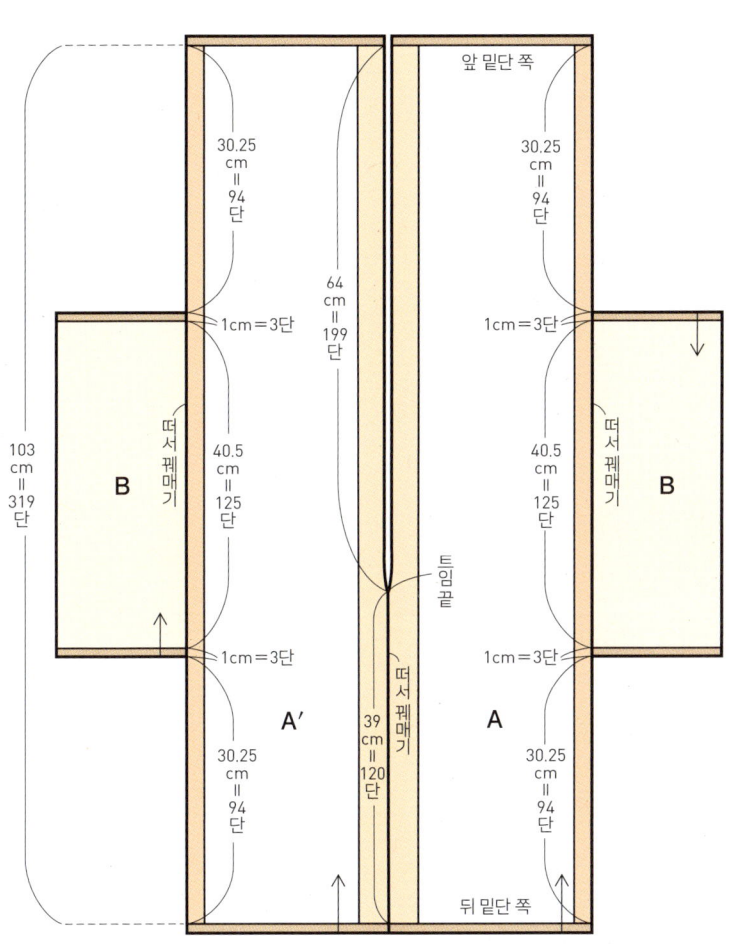

13쪽 카디건

마무리 방법

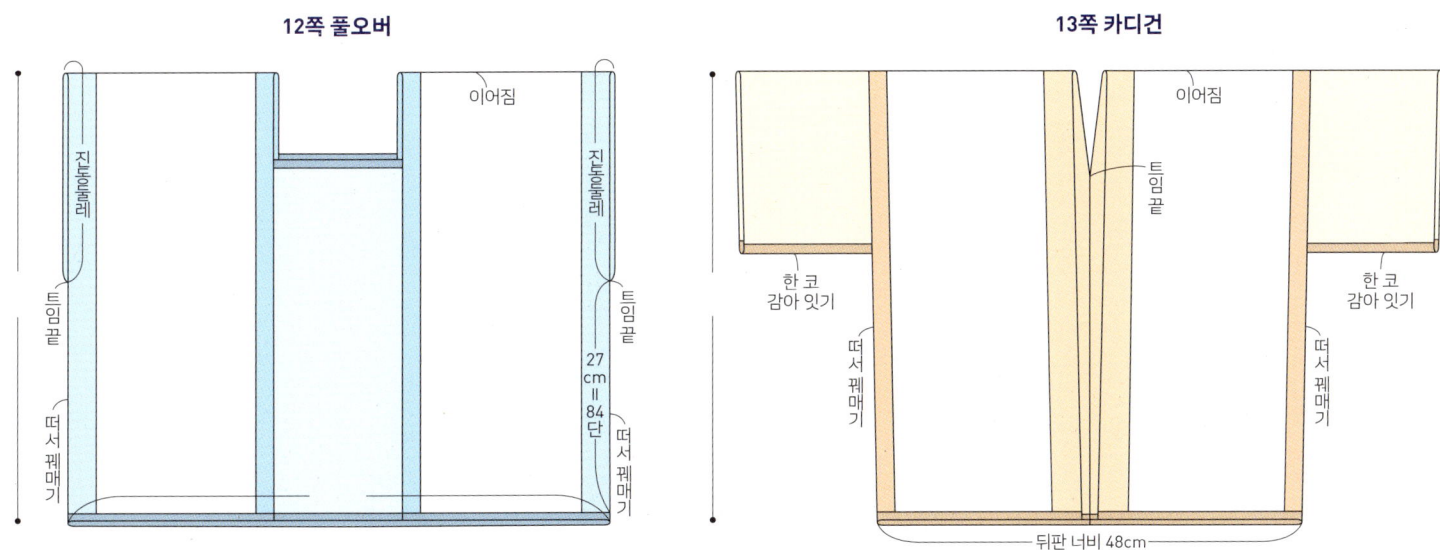

15쪽) 비침 가로 줄무늬 니트

※무늬뜨기B의 실물 크기는 37쪽
※이 작품은 권장 바늘보다 굵은 바늘을 사용해 떴습니다

완성 치수 ◦ 가슴둘레 108cm, 길이 53cm,
　　　　　등솔기~소매 끝 길이 27cm
실 ◦ 하마나카 플랙스 C
　　샌드 베이지(3) 145g
바늘 ◦ 대바늘 3.9mm, 3.6mm
　　　코바늘 4호(덮어씌워 빼뜨기 잇기용)
게이지 무늬뜨기B(10×10cm) 18코 27단

뜨는 방법 ◦ 실은 1가닥으로 뜨고, 지정한 바늘로 뜬다.
1　앞뒤판은 일반적인 시작코를 만들어 무늬뜨기A, B, 가터뜨기로 55쪽의 뜨개 도안대로 뜨고, 뜨개 끝은 코를 쉬어둔다. 같은 것을 2장 뜬다.
2　어깨는 코바늘을 이용해 덮어씌워 빼뜨기 잇기를 하고, 목둘레에 새로운 실을 연결하여 앞뒤를 이어서 덮어씌우기를 한다.
3　몸판 옆 선을 돗바늘을 이용해 떠서 꿰매기로 잇는다.

치수 도안

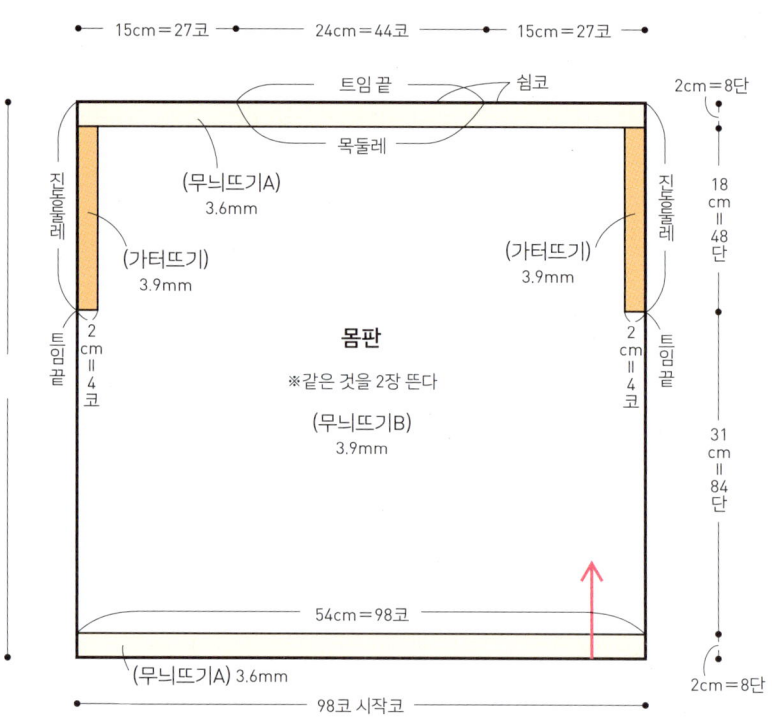

마무리 방법

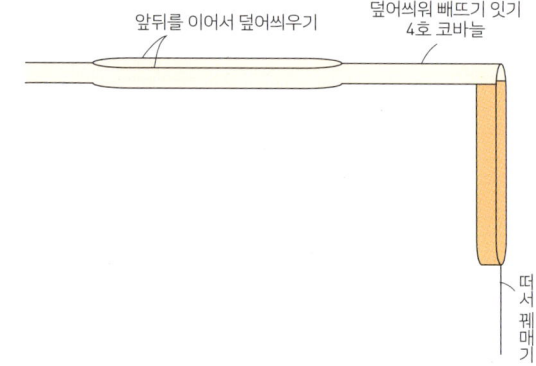

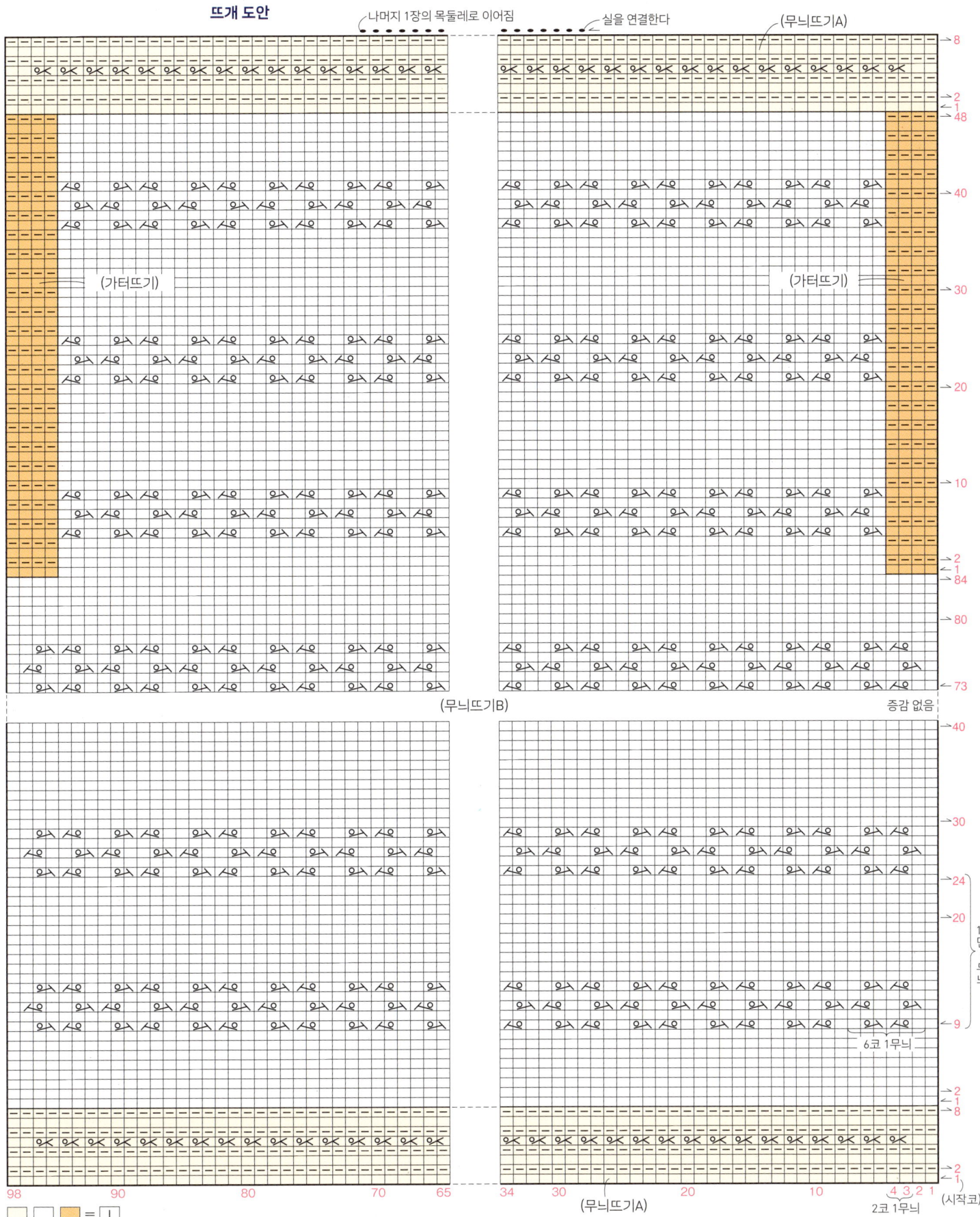

대바늘뜨기 스톨

※무늬뜨기의 실물 크기는 37쪽

완성 치수 ◦ 폭 29cm, 길이 141.5cm
실 ◦ 하마나카 플랙스 Tw
   노란색 계열(703) 150g
바늘 ◦ 대바늘 3.6mm
게이지 ◦ 무늬뜨기(10×10cm) 24코 32단
뜨는 방법 ◦ 실은 1가닥으로 뜬다.
일반적인 시작코로 71코를 만들어 가터뜨기, 무늬뜨기로 증감 없이 뜨고, 뜨개 끝은 안쪽에서 겉뜨기로 덮어씌우기를 한다.

치수 도안

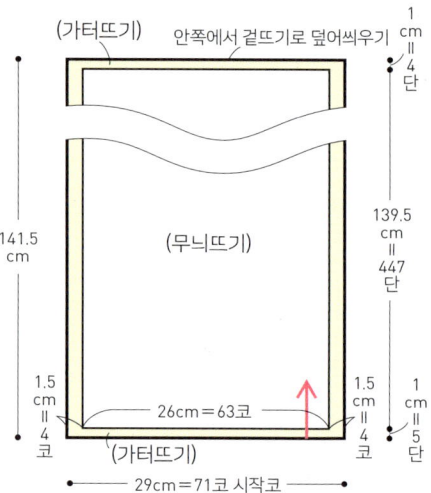

뜨개 도안

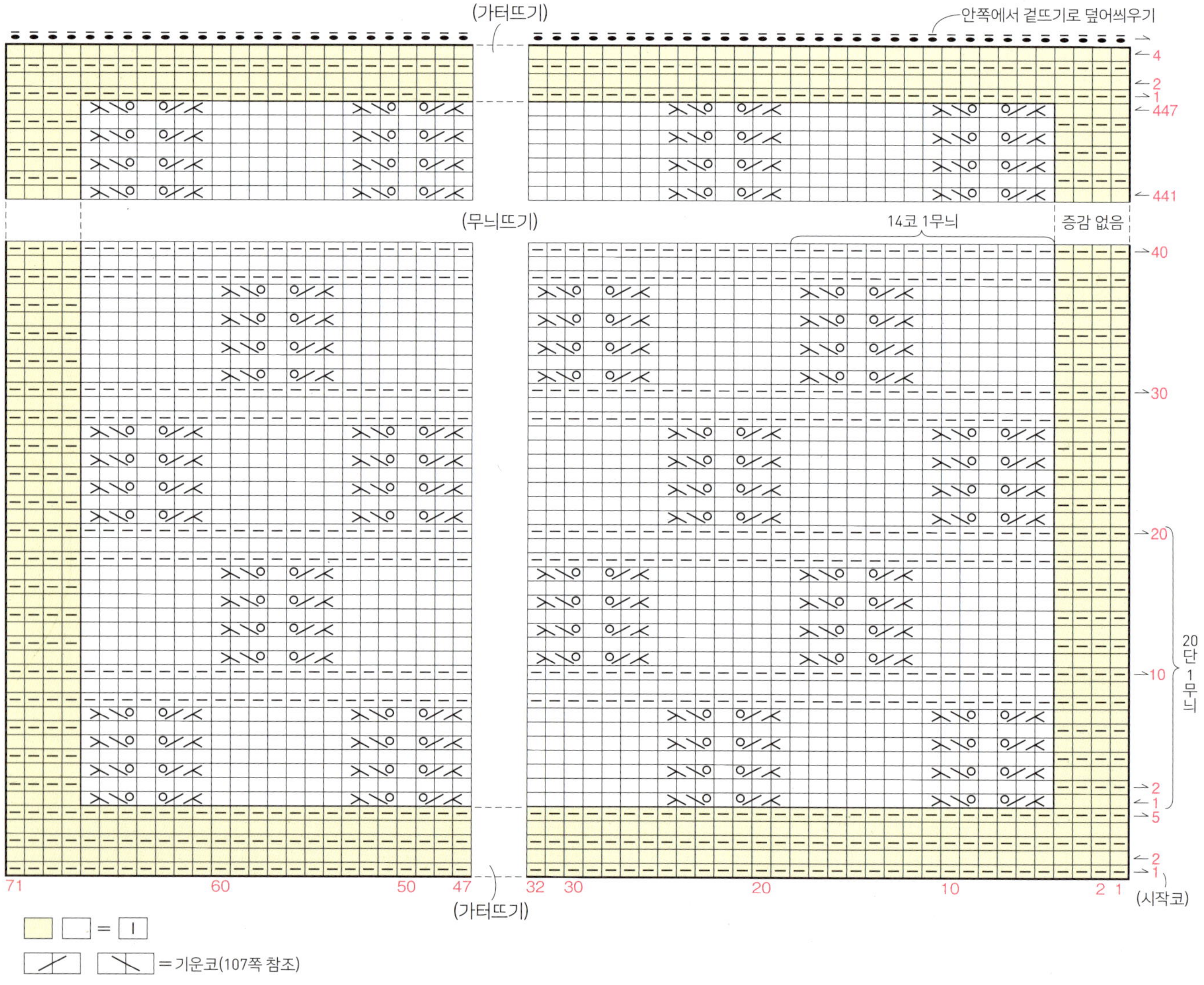

16쪽 큰 꽈배기 무늬 조끼

※메리야스뜨기와 무늬뜨기C의 실물 크기는 37쪽

완성 치수 ◦ 가슴둘레 92cm, 길이 55cm, 어깨너비 34cm

실 ◦ 하마나카 플랙스 Ly 노란색(803) 190g

바늘 ◦ 대바늘 3.9mm
　　　　코바늘 5호(덮어씌워 빼뜨기 잇기용)

게이지 ◦ 메리야스뜨기(10×10cm) 24코 29단

뜨는 방법 ◦ 실은 1가닥으로 뜨고, 지정한 바늘로 뜬다.

1. 앞판은 일반적인 시작코를 만들어 58쪽, 59쪽의 뜨개 도안대로 뜨고, 뒤 칼라까지 뜬다. 어깨의 코, 뒤 칼라의 뜨개 끝은 코를 쉬어둔다.
2. 뒤판은 앞판과 같은 방법으로 뜨고, 어깨의 코는 쉬어둔다.
3. 마무리 방법을 참조하여 어깨를 코바늘을 이용해 덮어씌워 빼뜨기 잇기를 하는데, 오른쪽 어깨는 뒤 칼라의 무늬뜨기 C′와 목둘레의 C″도 이어서 덮어씌워 빼뜨기 잇기를 한다.
4. 뒤판의 목둘레와 앞판에 이어서 뜬 뒤 칼라를 돗바늘을 이용해 코와 단 잇기로 연결한다.
5. 몸판 옆 선을 돗바늘을 이용해 떠서 꿰매기로 잇는다.

치수 도안

※어깨는 쉼코

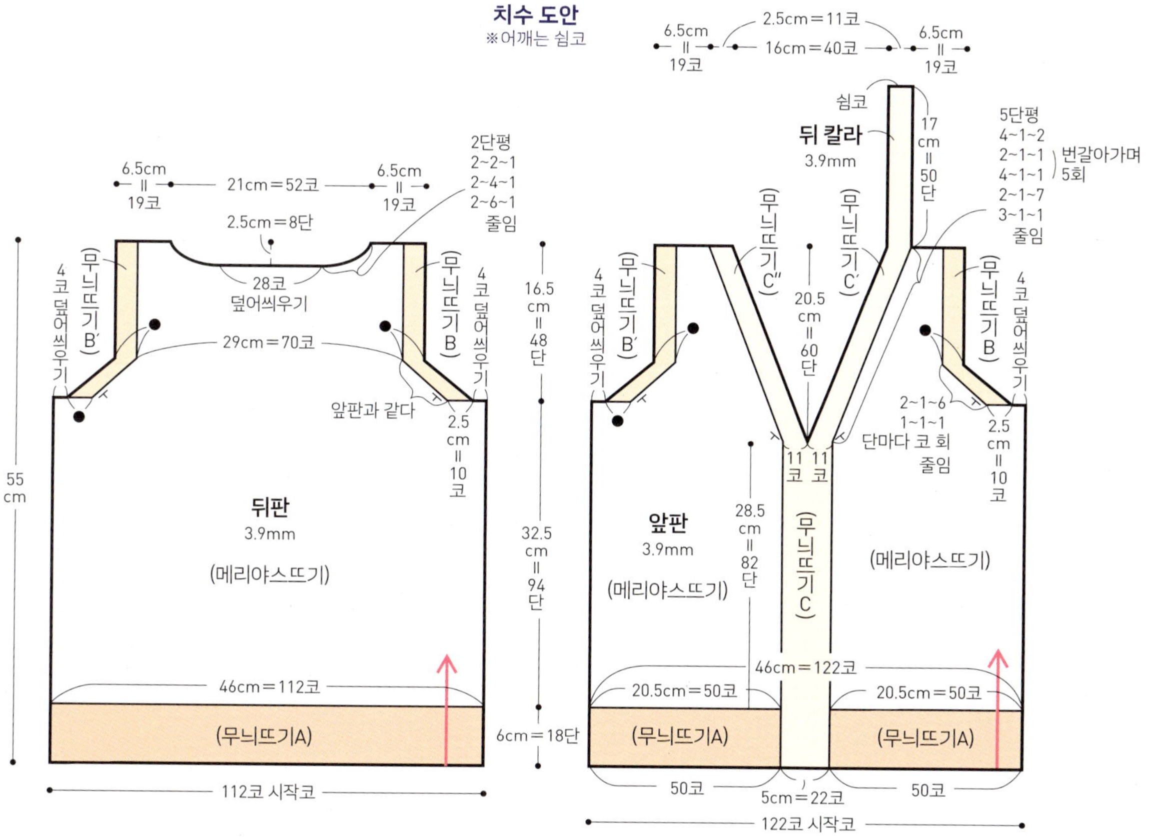

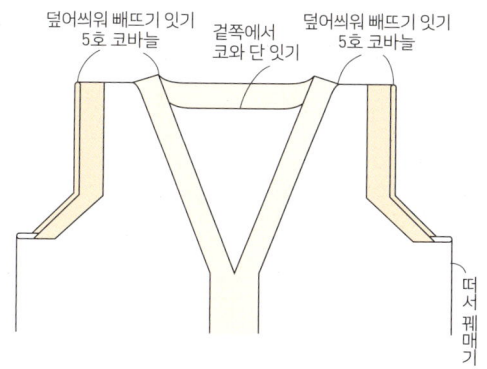

마무리 방법

뒤판 목둘레 뜨개 도안

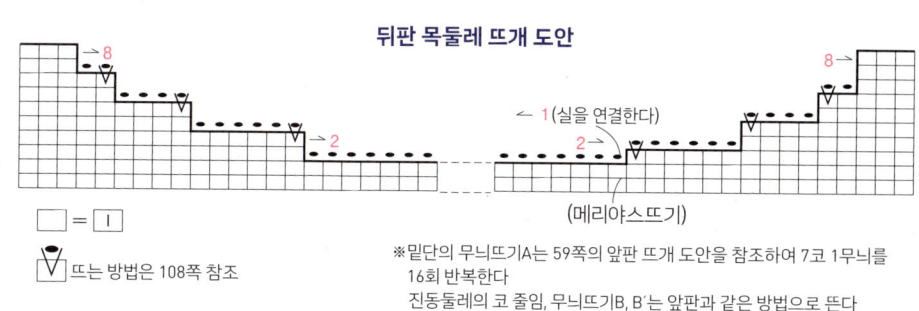

□ = ▕

▽ 뜨는 방법은 108쪽 참조

※밑단의 무늬뜨기A는 59쪽의 앞판 뜨개 도안을 참조하여 7코 1무늬를 16회 반복한다
진동둘레의 코 줄임, 무늬뜨기B, B′는 앞판과 같은 방법으로 뜬다

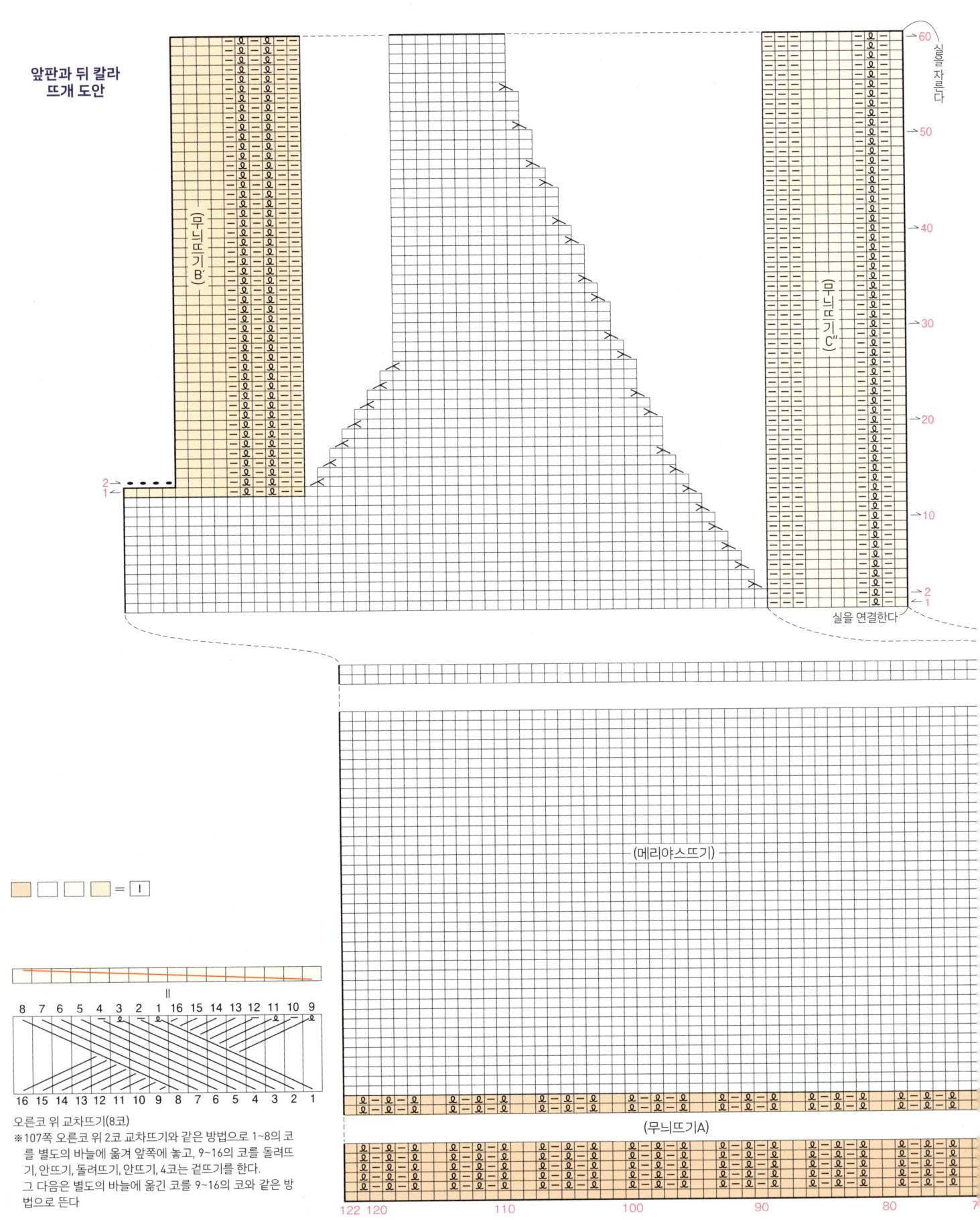

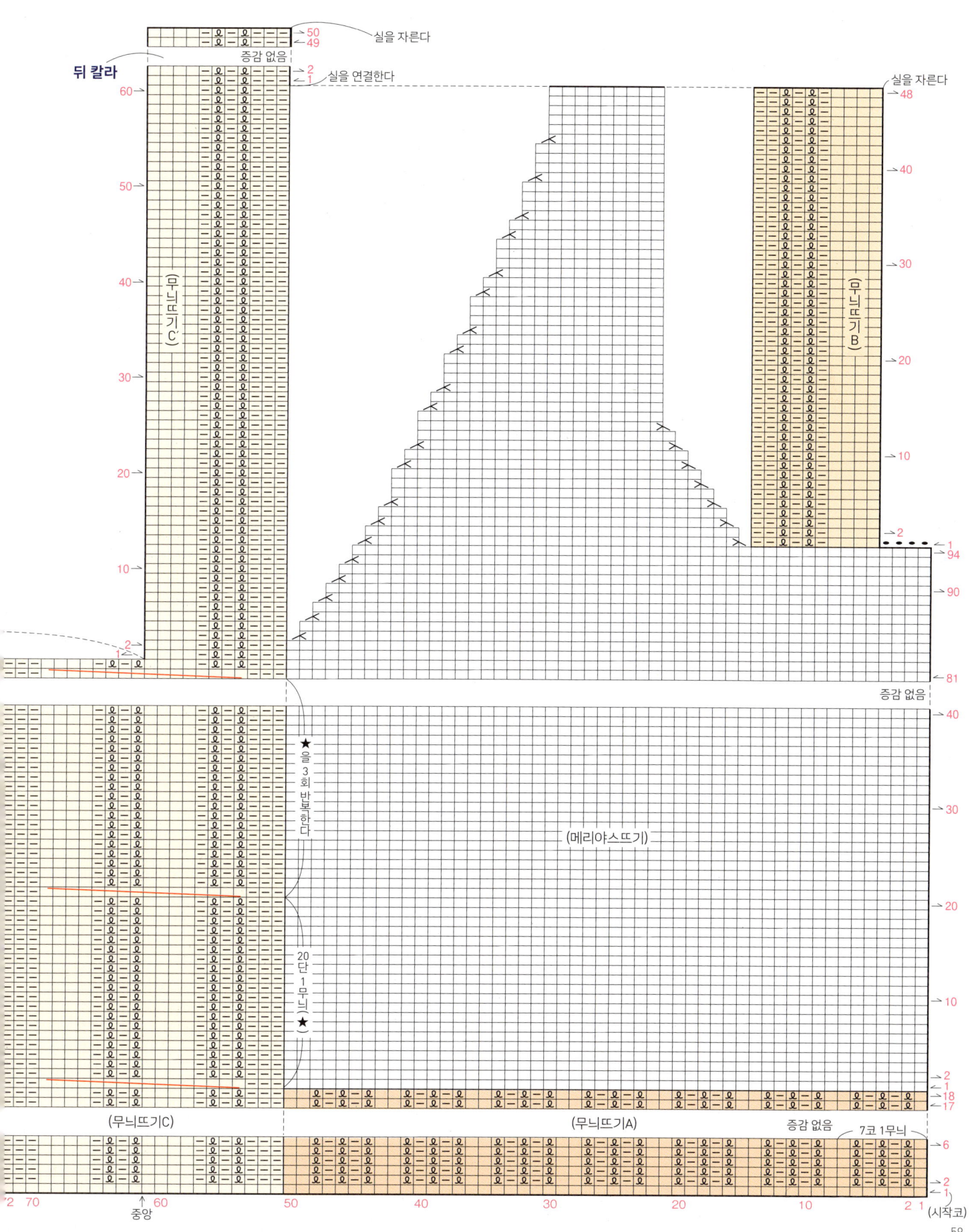

17쪽 교차 무늬 조끼

※메리야스뜨기와 무늬뜨기의 실물 크기는 37쪽

완성 치수 ◦ 가슴둘레 94cm, 길이 52.5cm, 어깨너비 38cm
실 ◦ 하마나카 플랙스 Tw 베이지 계열(707) 160g
바늘 ◦ 대바늘 3.3mm
　　　코바늘 3호(덮어씌워 빼뜨기 잇기용)
게이지 ◦ 메리야스뜨기(10×10cm) 21코 31단
　　　　무늬뜨기 18코=5cm 31단=10cm

뜨는 방법 ◦ 실은 1가닥으로 뜨고, 지정한 바늘로 뜬다.

1. 앞뒤판은 일반적인 시작코를 만들어 2코 고무뜨기, 메리야스뜨기, 무늬뜨기로 60쪽, 61쪽의 뜨개 도안대로 뜨고, 어깨의 코를 쉬어둔다.
2. 어깨는 코바늘을 이용해 덮어씌워 빼뜨기 잇기를 하고, 몸판 옆 선을 돗바늘을 이용해 떠서 꿰매기로 잇는다.
3. 목둘레에서 코를 주워 1코 고무뜨기를 원형으로 7단을 뜨고, 뜨개 끝은 돗바늘을 이용해 1코 고무뜨기 막기를 한다.
4. 진동둘레는 목둘레와 같은 방법으로 뜬다.

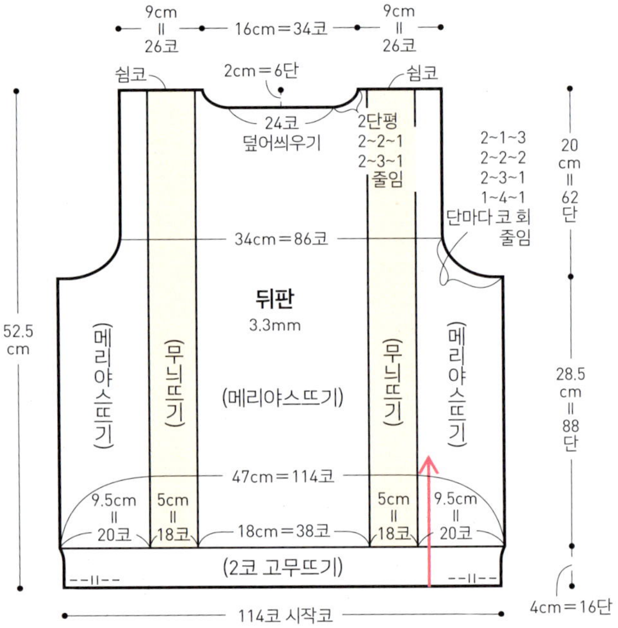

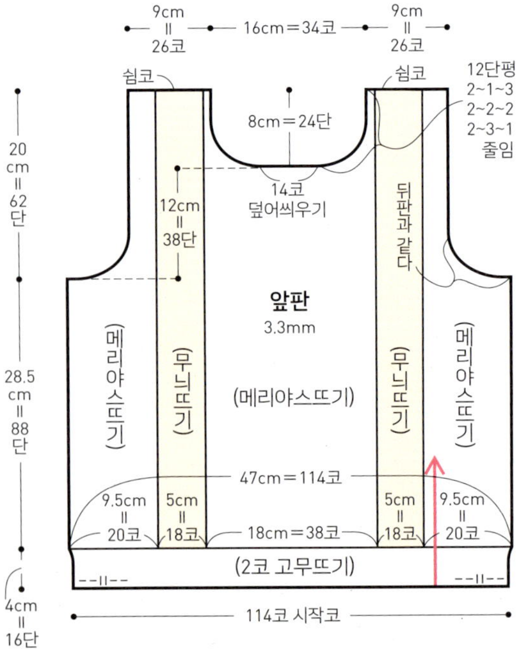

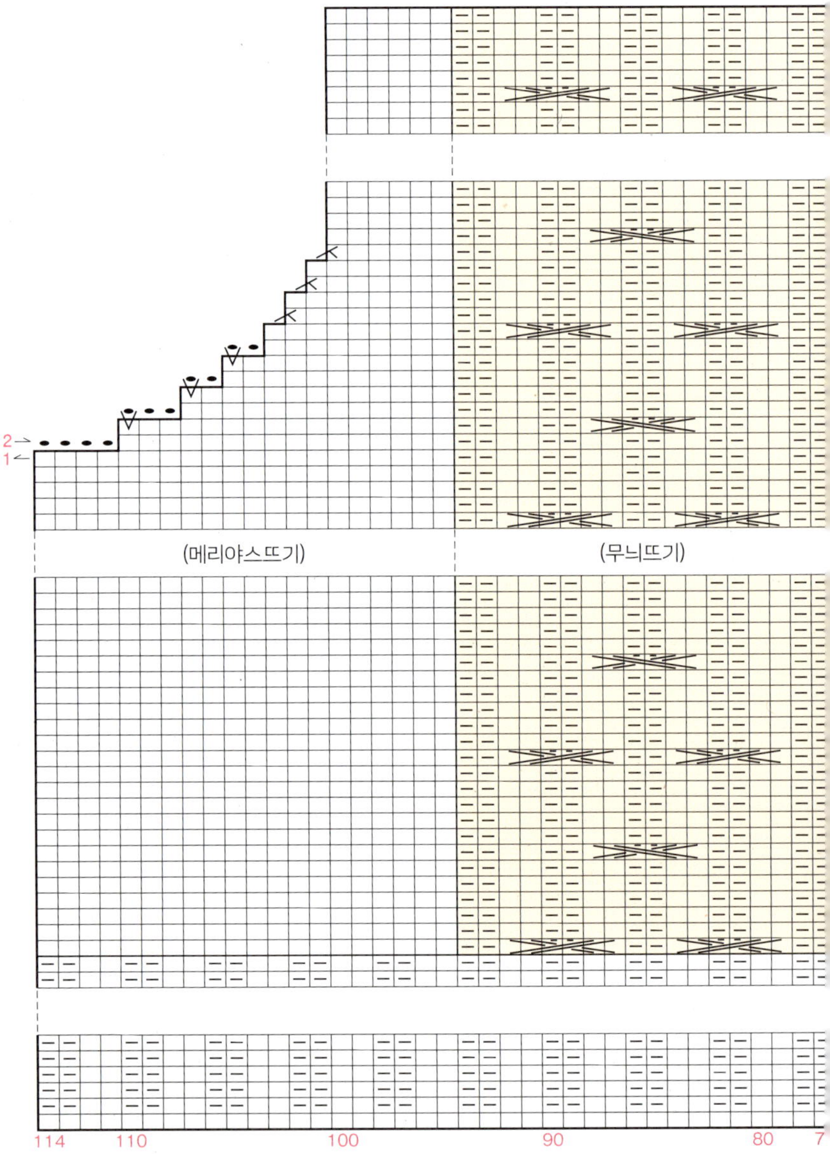

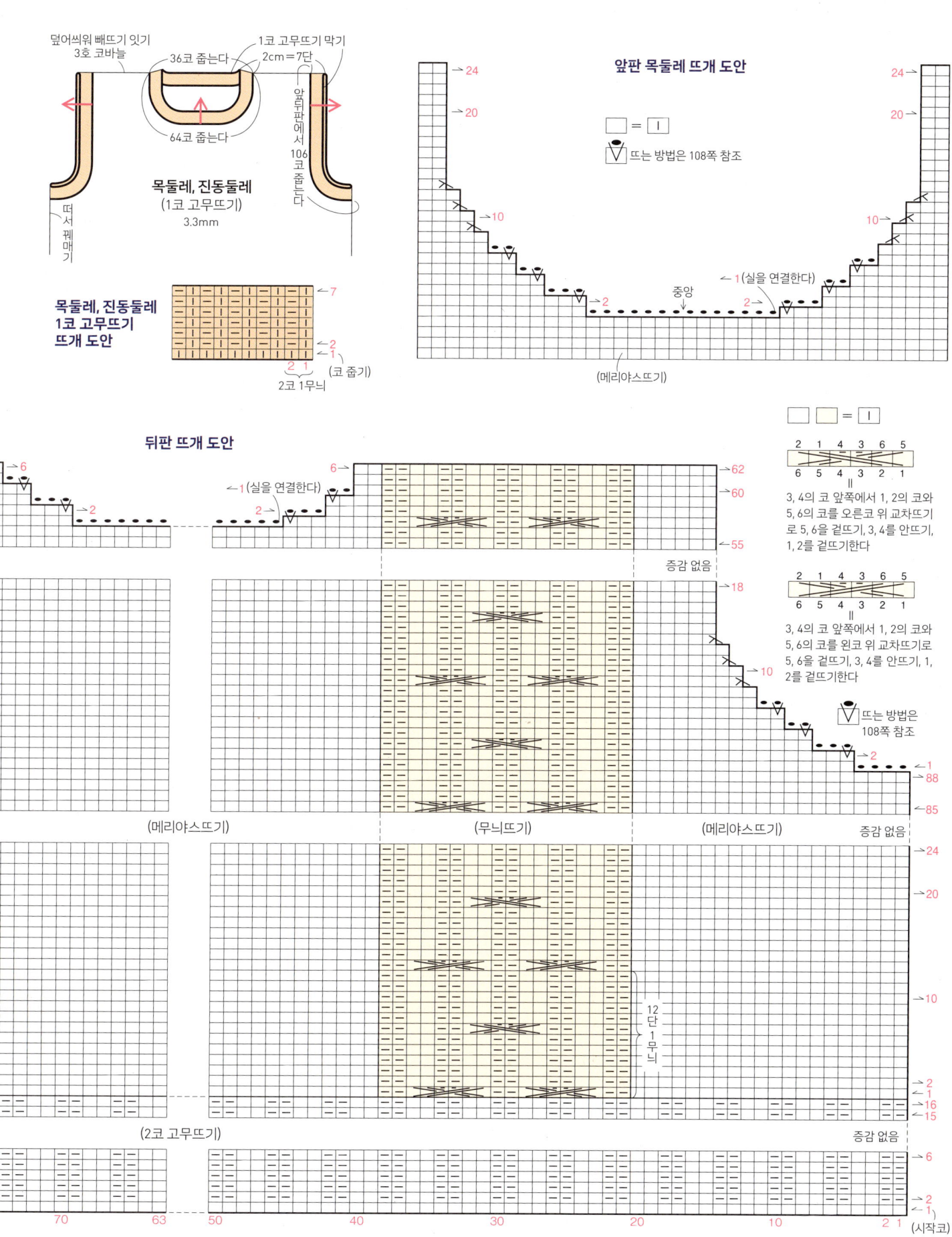

코바늘 볼레로 (18쪽)

※무늬뜨기A의 실물 크기는 37쪽
※이 작품은 권장 바늘보다 굵은 바늘을 사용해 떴습니다

완성 치수 ○ 가슴둘레 96cm, 길이 36cm, 어깨너비 36cm, 소매길이 30cm
실 ○ 하마나카 플랙스 Ly 베이지(802) 225g
바늘 ○ 코바늘 5호
기타 ○ 지름 2cm 단추 1개
게이지 ○ 무늬뜨기A 25코=10cm, 2단=1.5cm
  무늬뜨기B(10×10cm) 6무늬 15단

뜨는 방법 ○ 실은 1가닥으로 뜨고, 전부 5호 코바늘로 뜬다.
1. 앞뒤판은 사슬뜨기로 시작코를 만들고, 무늬뜨기A로 63쪽의 뜨개 도안대로 뜬다.
2. 소매도 같은 방법으로 시작코를 만들어 무늬뜨기A, B로 64쪽의 뜨개 도안대로 뜬다.
3. 어깨는 돗바늘을 이용해 한 코 감아 잇기를 하고, 몸판 옆선과 소매 밑 선을 코바늘을 이용해 사슬뜨기로 꿰매 잇는다.
4. 목둘레에 가장자리뜨기를 하고, 실을 자른다. 밑단은 앞뒤를 이어서 가장자리뜨기를 하고, 그대로 실을 계속 이어서 오른쪽 앞단은 단춧구멍을 만들면서 가장자리뜨기를 한 다음 실을 자른다. 왼쪽 앞단에 가장자리뜨기를 한다.
5. 소맷부리는 64쪽의 뜨개 도안을 참조하여 가장자리뜨기를 원형으로 뜬다.
6. 몸판과 소매를 코바늘을 이용해 빼뜨기 꿰매기로 연결하고, 단추를 단다.

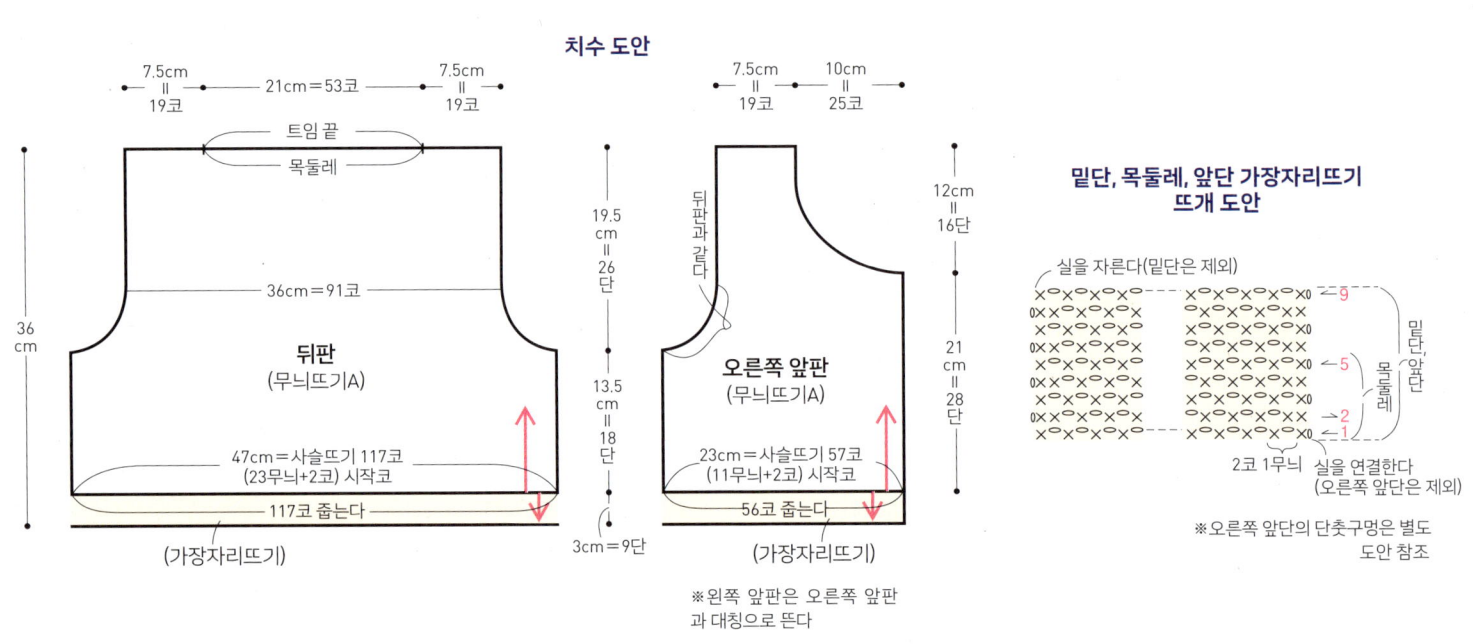

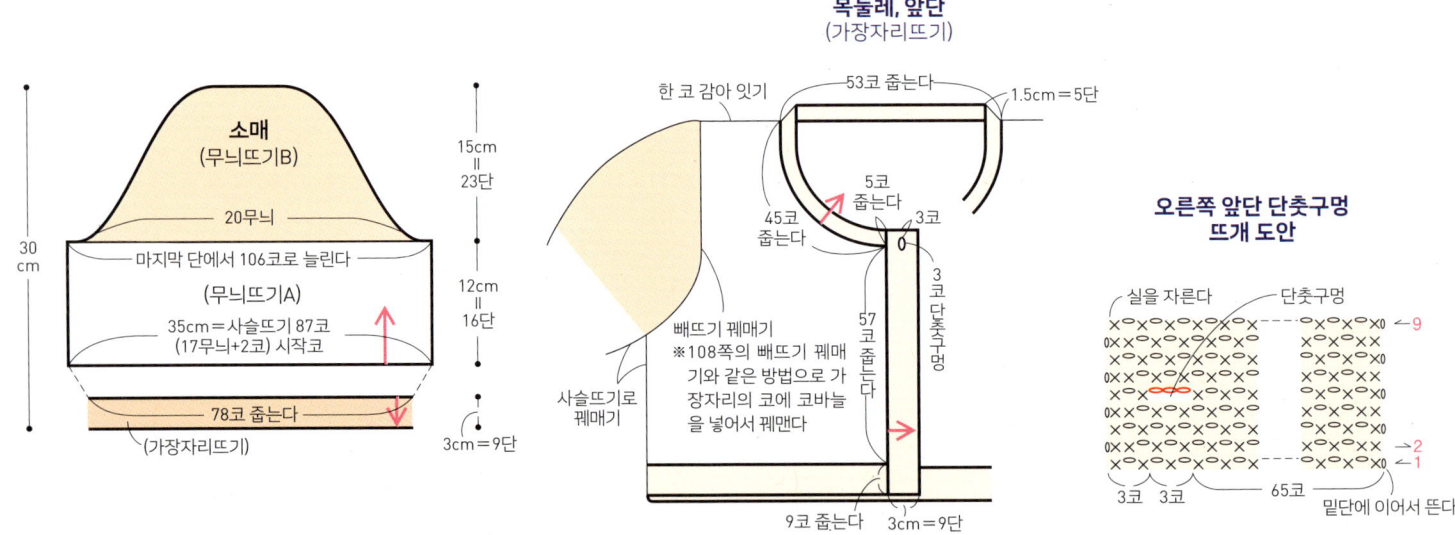

뒤판과 몸판 옆 선 사슬뜨기로 꿰매기 뜨개 도안

○ = ⑰ 사슬 3코 피코뜨기의 간략한 기호

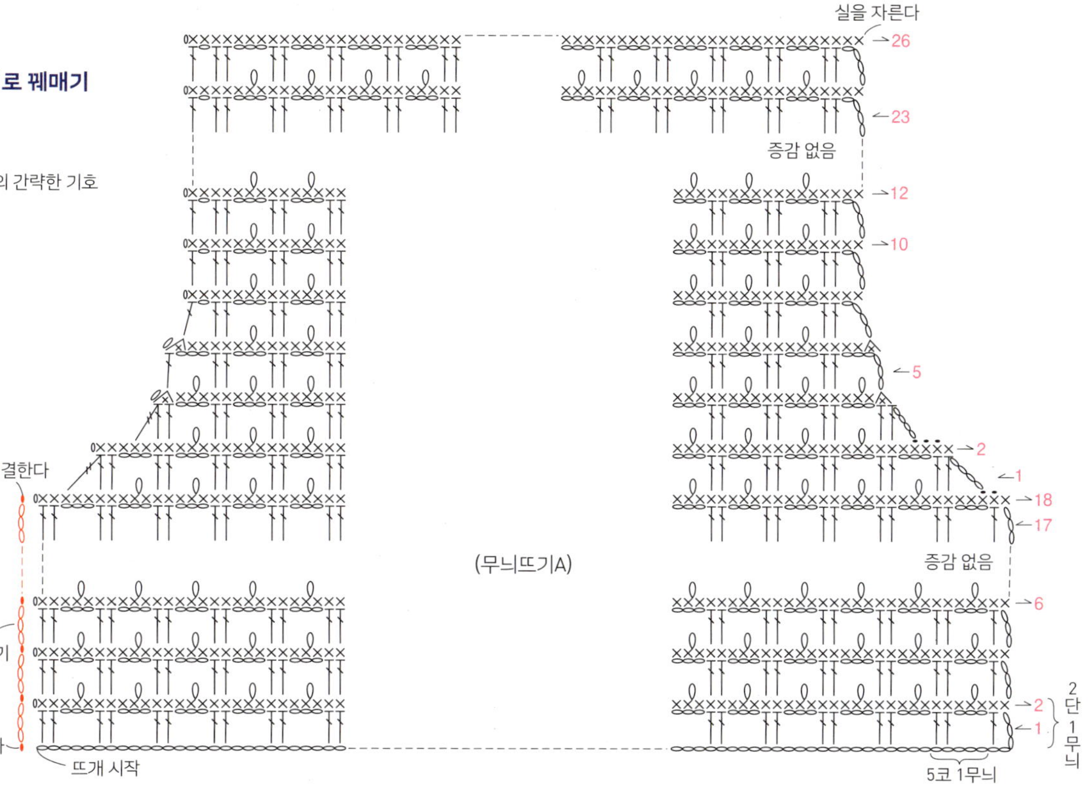

실을 자른다
→26
→23
증감 없음
→12
→10
→5
→2
→1
→18
→17
(무늬뜨기A)
증감 없음
→6
→2
→1
2단 1무늬
5코 1무늬

실을 연결한다
몸판 옆 선 사슬뜨기로 꿰매기
실을 자른다
뜨개 시작

오른쪽 앞판 뜨개 도안

○ = ⑰ 사슬 3코 피코뜨기의 간략한 기호

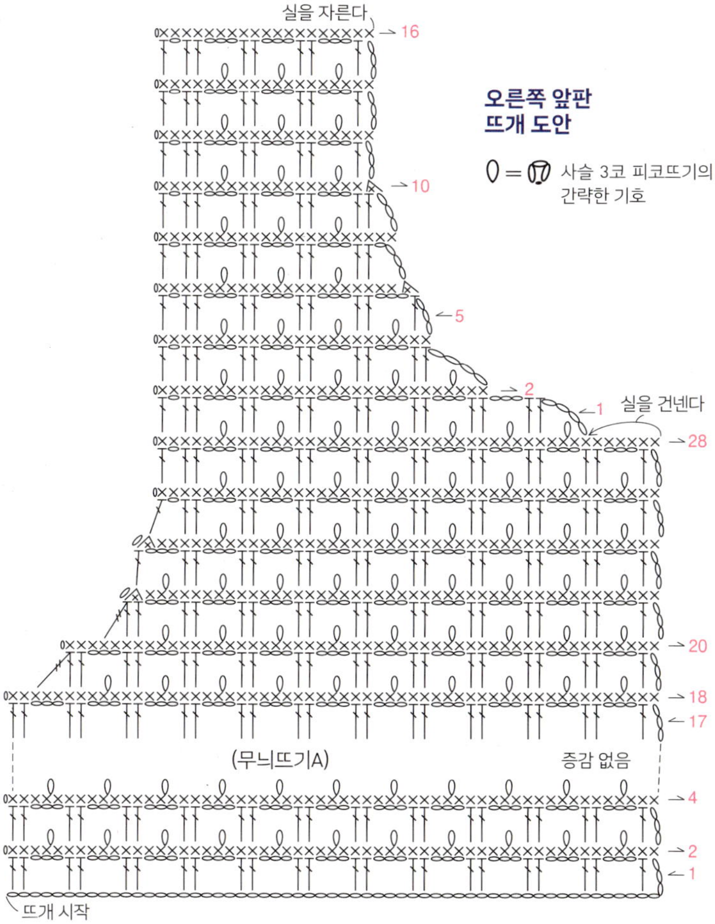

실을 자른다
→16
→10
→5
→2
→1
실을 건넨다
→28
→20
→18
→17
(무늬뜨기A)
증감 없음
→4
→2
→1
뜨개 시작

왼쪽 앞판 뜨개 도안

○ = ⑰ 사슬 3코 피코뜨기의 간략한 기호

실을 자른다
16→
10→
5→
실을 건넨다
2→
1→
28→
(무늬뜨기A)

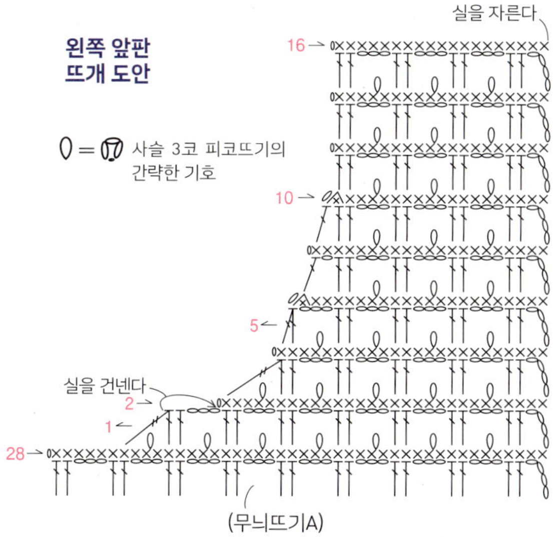

※뜨개 시작부터 겨드랑이까지는 오른쪽 앞판과 동일하게 뜨고, 진동둘레 줄이는 방법은 뒤판과 동일하게 뜬다

소매 뜨개 도안

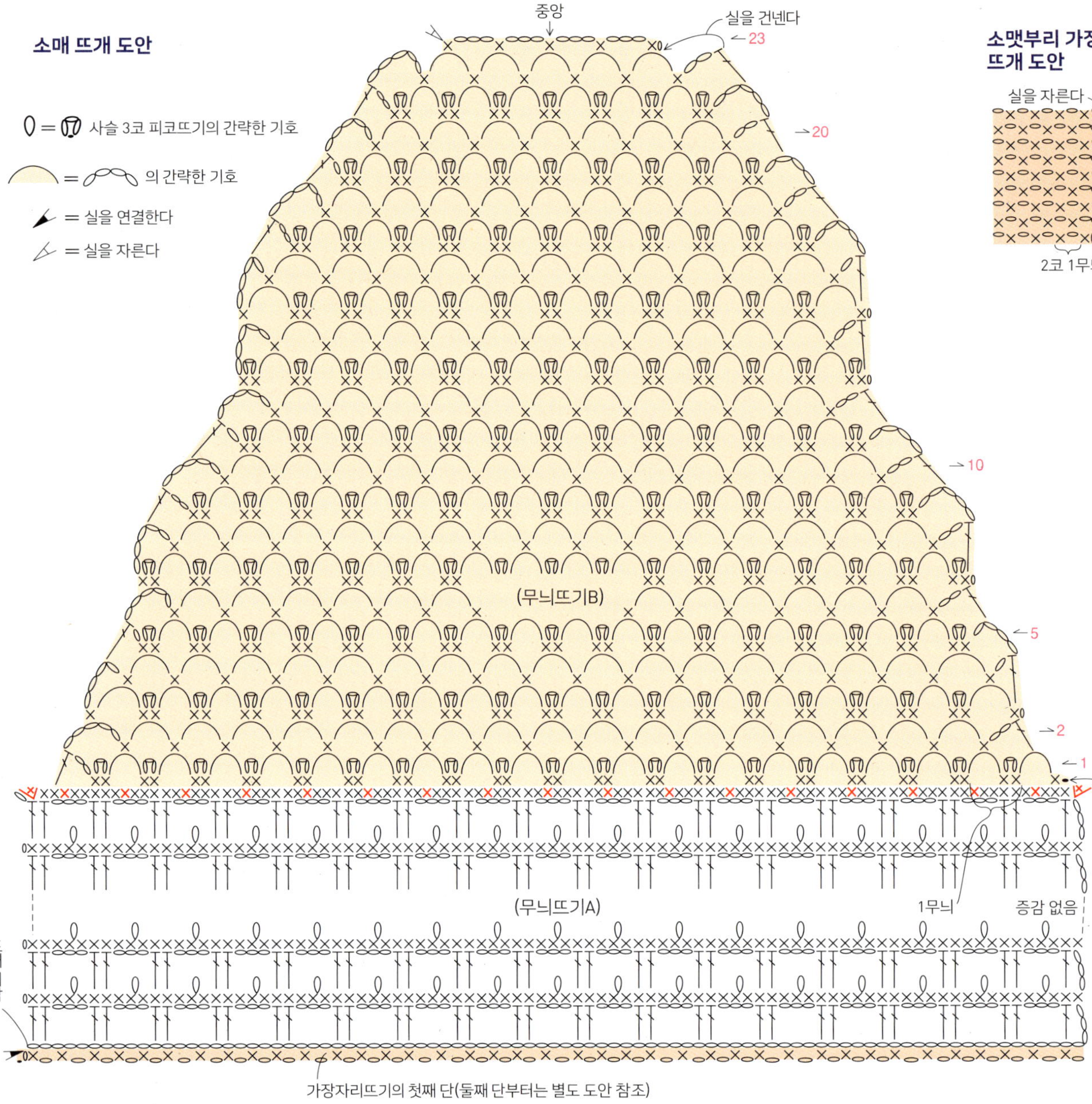

○ = ⑰ 사슬 3코 피코뜨기의 간략한 기호

⌒ = ⌒⌒⌒ 의 간략한 기호

▸ = 실을 연결한다

▹ = 실을 자른다

중앙 실을 건넨다 ←23

→20

→10

(무늬뜨기B)

→5

→2
2단 1무늬

실을 건넨다 ←16

1무늬 증감 없음 →13

(무늬뜨기A)

뜨개 시작

→4

→2
→1

→1

가장자리뜨기의 첫째 단(둘째 단부터는 별도 도안 참조)

소맷부리 가장자리뜨기 뜨개 도안

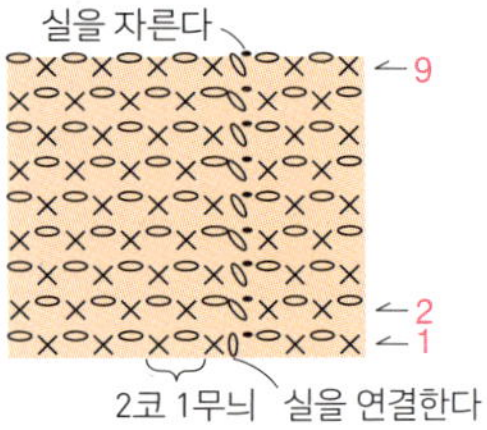

실을 자른다 ←9

←2
←1

2코 1무늬 실을 연결한다

이 책에서 사용한 실

하마나카의 실을 사용했으며 사진은 실물 크기, 바늘은 권장 호수입니다. 작품의 디자인이나 편물에 따라 바늘의 호수가 달라질 수 있습니다.

1 — 플랙스 Ly
1볼 25g 약 87m, 대바늘 3.6~3.9mm, 코바늘 4호, 마(리넨) 67%+면 33%

2 — 플랙스 K
1볼 25g 약 62m, 대바늘 3.6~3.9mm, 코바늘 5호, 마(리넨) 78%+면 22%
※일부 색상에는 1볼 100g(약 248m)인 플랙스 K 100이 있습니다.

3 — 플랙스 K 라메
1볼 25g 약 60m, 대바늘 3.6~3.9mm, 코바늘 5호, 마(리넨) 78%+면 22%(슬릿 얀 사용)
※일부 색상에는 1볼 100g(약 240m)인 플랙스 K 라메 100이 있습니다.

4 — 플랙스 C
1볼 25g 약 104m, 코바늘 3호, 마(리넨) 82%+면 18%
※코바늘 전용 실이지만, 이 책에는 대바늘로 뜬 작품도 실려 있습니다.

5 — 플랙스 Tw
1볼 25g 약 92m, 대바늘 3.3~3.6mm, 코바늘 4호, 마(리넨) 73%+면 27%

22,23쪽 봉긋 소매 풀오버

※무늬뜨기A의 실물 크기는 38쪽

완성 치수 ◦ 가슴둘레 118cm, 길이 46.5cm, 등솔기~소매 끝 길이 51cm

실 ◦ 하마나카 플랙스 C 노란색(109) 370g

바늘 ◦ 코바늘 3호

게이지 ◦ 무늬뜨기A 2무늬=3.1cm, 12단=10cm
무늬뜨기B 1무늬=3.3cm, 13단=10cm

뜨는 방법 ◦ 실은 1가닥으로 뜨고, 전부 3호 코바늘로 뜬다.

1 앞뒤판은 사슬뜨기로 시작코를 만들고, 무늬뜨기A로 66쪽의 뜨개 도안대로 뜬다.

2 소매는 어깨의 위치에서 사슬뜨기로 시작코를 만들어 67쪽의 뜨개 도안을 참조하여 치수 도안의 위쪽 무늬뜨기B를 33단 뜨고, 실을 자른다.

3 2의 시작코 반대쪽에 새로운 실을 연결하여 치수 도안의 아래쪽 무늬뜨기B를 위쪽과 같은 방법으로 32단을 뜨고, 그대로 실을 이어서 코바늘을 이용해 위쪽의 33번째 단과 사슬뜨기로 잇기를 해서 원형으로 만든다.(소매 밑 선이 된다.)

4 어깨는 돗바늘을 이용해 한 코 감아 잇기를 하고, 몸판 옆선은 코바늘을 이용해 사슬뜨기로 꿰매 잇는다.

5 목둘레, 소매에 가장자리뜨기A, 소맷부리에 가장자리뜨기B를 뜬다.(소맷부리는 대칭으로 뜬다.)

6 67쪽의 사진을 참조하여 소매에 주름을 잡고 몸판에 코바늘을 이용해 사슬뜨기로 꿰매 연결한다.

치수 도안

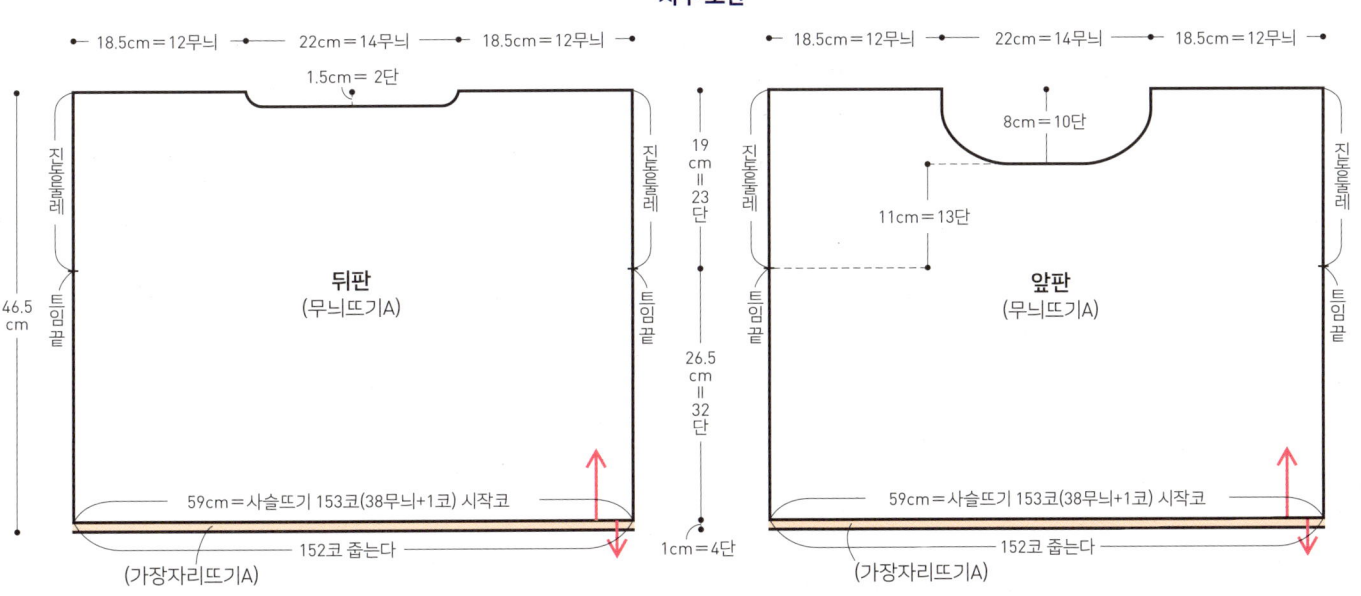

마무리 방법

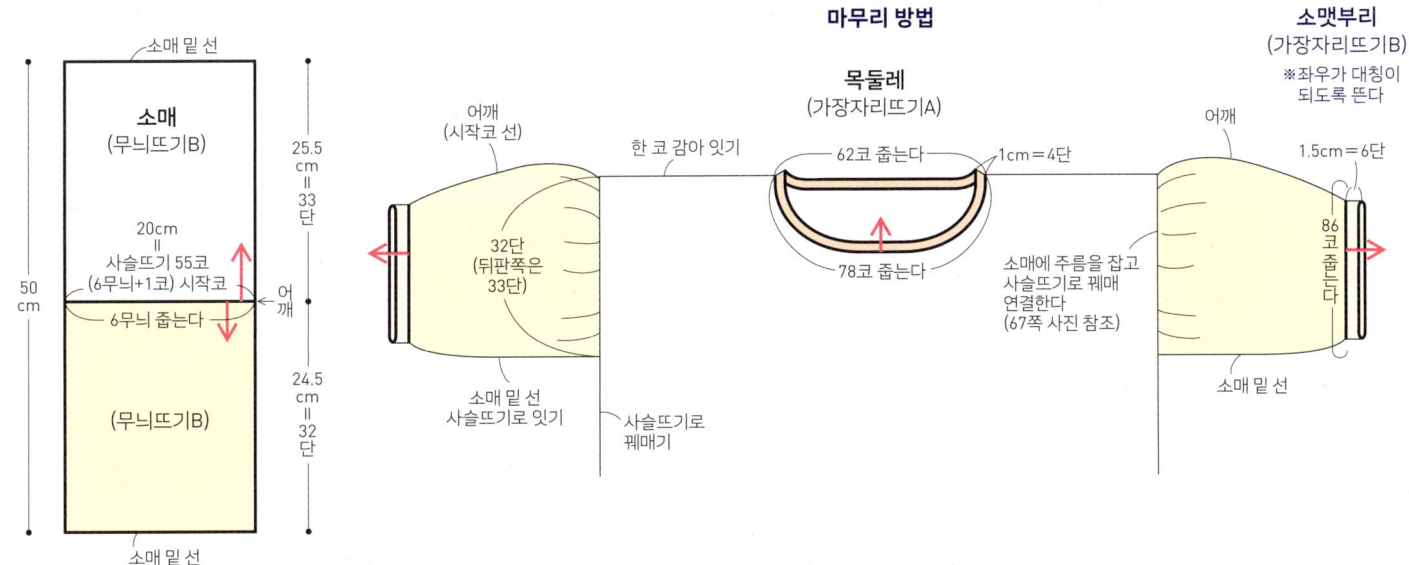

뒤판 목둘레 뜨개 도안

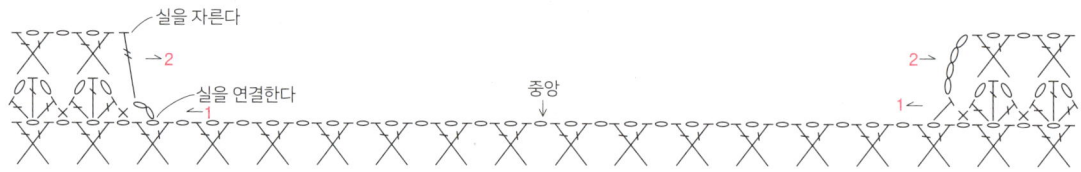

앞판 목둘레 뜨개 도안

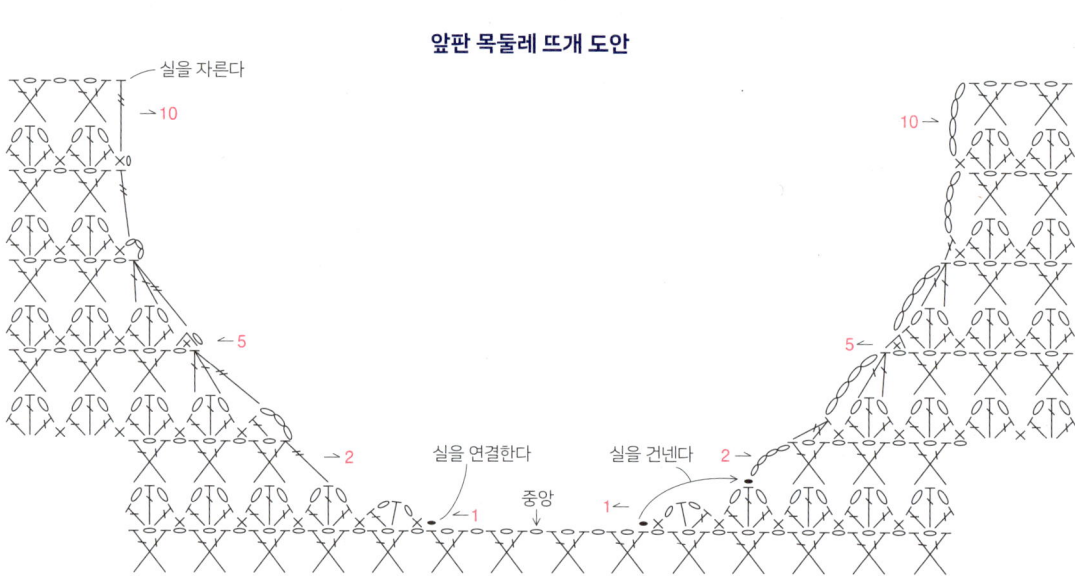

무늬뜨기A, 몸판 옆 선 사슬뜨기로 꿰매기 뜨개 도안

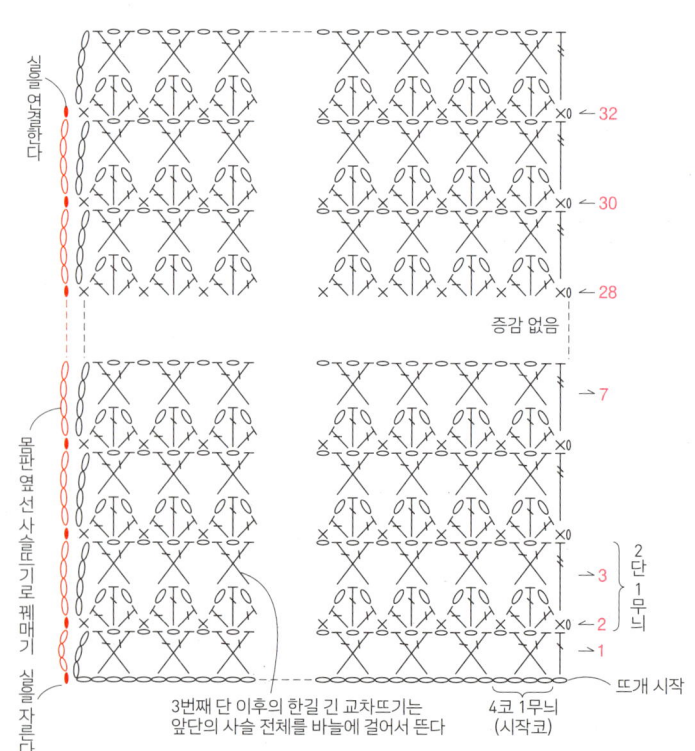

밑단, 목둘레 가장자리뜨기A 뜨개 도안

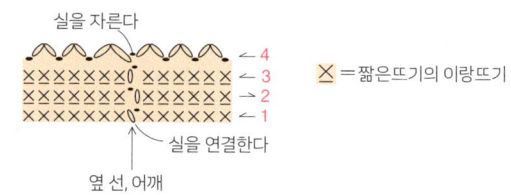

✕ = 짧은뜨기의 이랑뜨기

소맷부리 가장자리뜨기 B 뜨개 도안

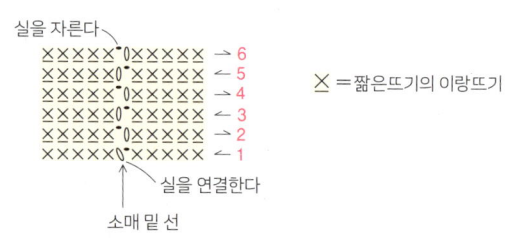

✕ = 짧은뜨기의 이랑뜨기

소매와 사슬뜨기로 잇기 뜨개 도안

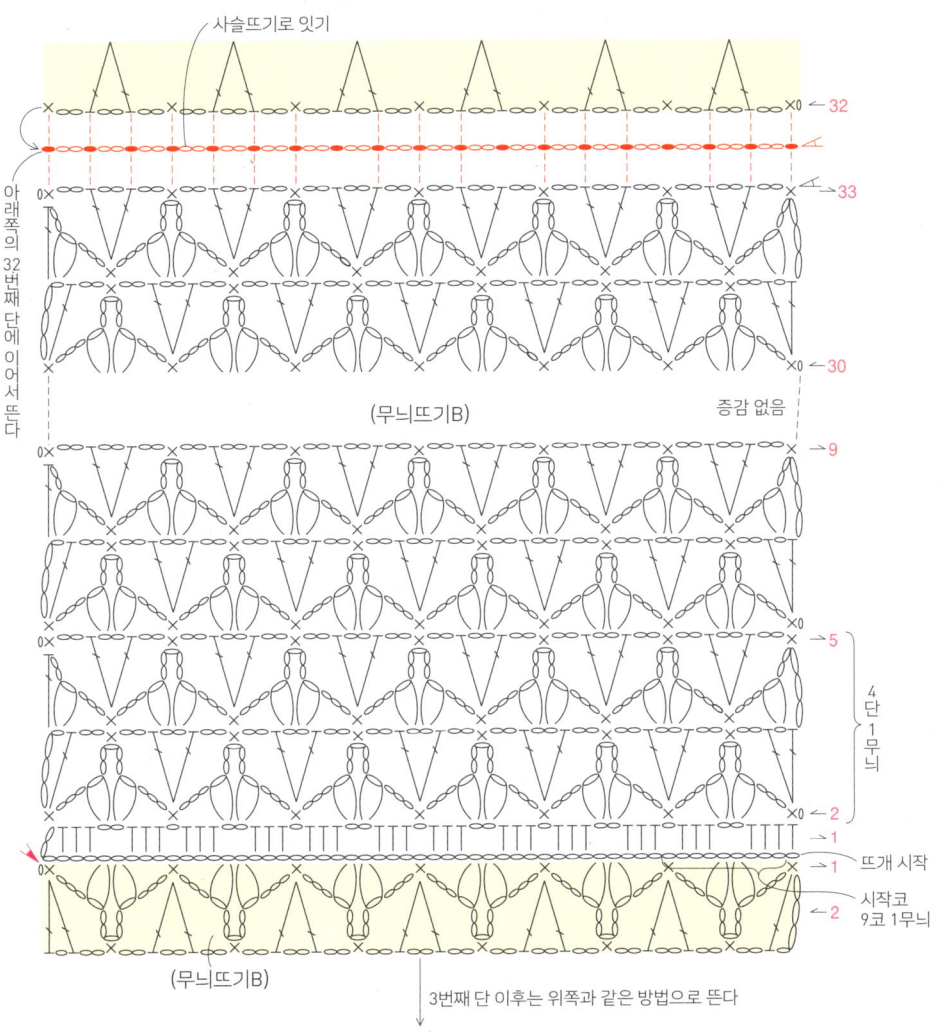

소매 연결 방법
(주름을 잡고, 사슬뜨기로 꿰매 연결한다)
※알아보기 쉽도록 다른 색 실을 사용했습니다

① 가닥을 나눈 실(실의 꼬임을 풀고 실을 뽑아내어 반 정도의 굵기로 만든다)을 돗바늘에 꿰고, 소매 밑 선에서 몸판에 연결하는 쪽의 가장자리 코에 1cm 간격으로 홈질을 한다.

② 홈질한 실을 잡아당겨 균등하게 주름을 잡아서 몸판의 진동둘레 치수에 맞춘다.(65쪽의 마무리 방법을 참조하여 앞판에 소매의 32단 쪽을 연결한다.)

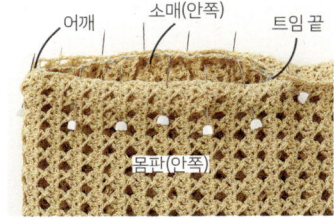

③ 몸판과 소매를 겉끼리 맞대고, 몸판의 트임 끝과 소매의 밑 선, 몸판의 어깨와 소매의 어깨를 맞춰서 균등하게 시침핀을 꽂는다.

④ 몸판의 트임 끝(★)에서 66쪽의 '무늬뜨기A, 몸판 옆 선 사슬뜨기로 꿰매기 뜨개 도안'과 같은 방법으로 사슬뜨기로 꿰매(빼뜨기 1코, 사슬뜨기 3코 또는 4코를 반복한다) 연결한다.

⑤ 앞뒤의 진동둘레를 한 바퀴 돌아가며 꿰매 사슬뜨기로 꿰매기가 완성되었다.

⑥ 실 끝을 처리한 다음 ①의 가닥을 나눈 실을 빼내고(실이 잘 빠지지 않을 때는 편물이 잘리지 않도록 주의하여 가닥을 나눈 실을 잘라서 빼낸다) 겉쪽으로 뒤집는다.

19쪽 꽈배기 무늬 가방

※무늬뜨기의 실물 크기는 P.37

완성 치수 ○ 입구 너비 22cm, 깊이 22.5cm
실 ○ 하마나카 플랙스 Ly 베이지(802) 70g
바늘 ○ 대바늘 3.6mm
　　코바늘 5호(풀어내는 시작코, 손잡이,
　　덮어씌워 빼뜨기 잇기용)
게이지 ○ 무늬뜨기(10×10cm) 31코 34단

뜨는 방법 ○ 실은 1가닥으로 뜨고, 지정한 바늘로 뜬다.
1　본체는 풀어내는 시작코로 69코를 만들어 68쪽, 69쪽의 뜨개 도안대로 무늬뜨기를 하고, 44코로 줄여서 돌려 1코 고무뜨기를 한 다음 뜨개 끝은 앞 단과 같은 기호로 덮어씌우기를 한다. 같은 것을 2장 뜬다.
2　손잡이는 사슬뜨기로 시작코를 만들고, 뜨개 도안을 참조하여 시작코를 중심으로 떠나간다.
3　본체의 시작코를 풀어내어 코를 줍고, 코바늘을 이용해 2장을 덮어씌워 빼뜨기 잇기를 한 다음 옆 선을 돗바늘을 이용해 떠서 꿰매기로 잇는다.
4　손잡이를 지정한 위치에 꿰매 단다.

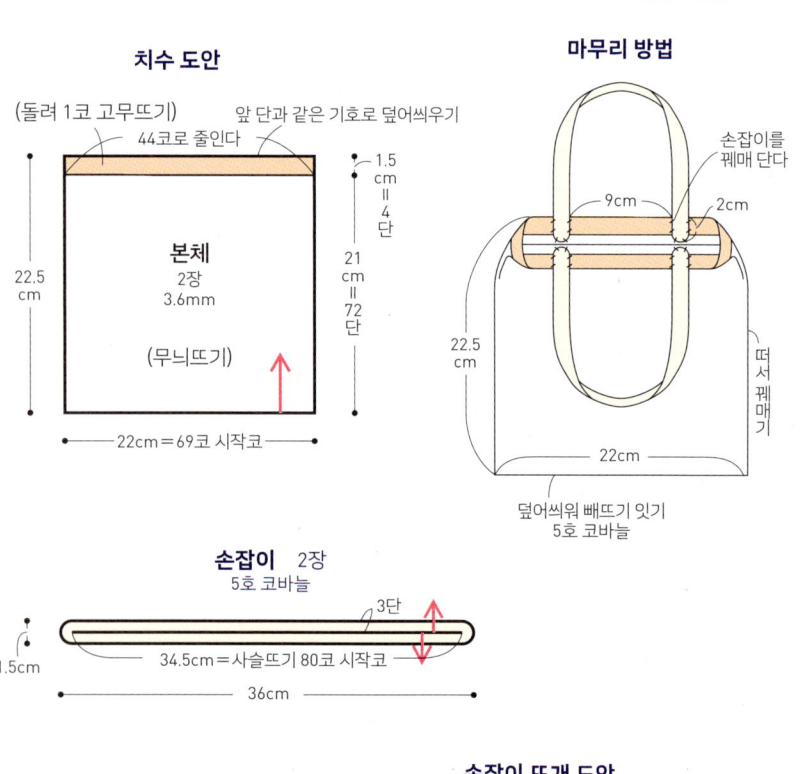

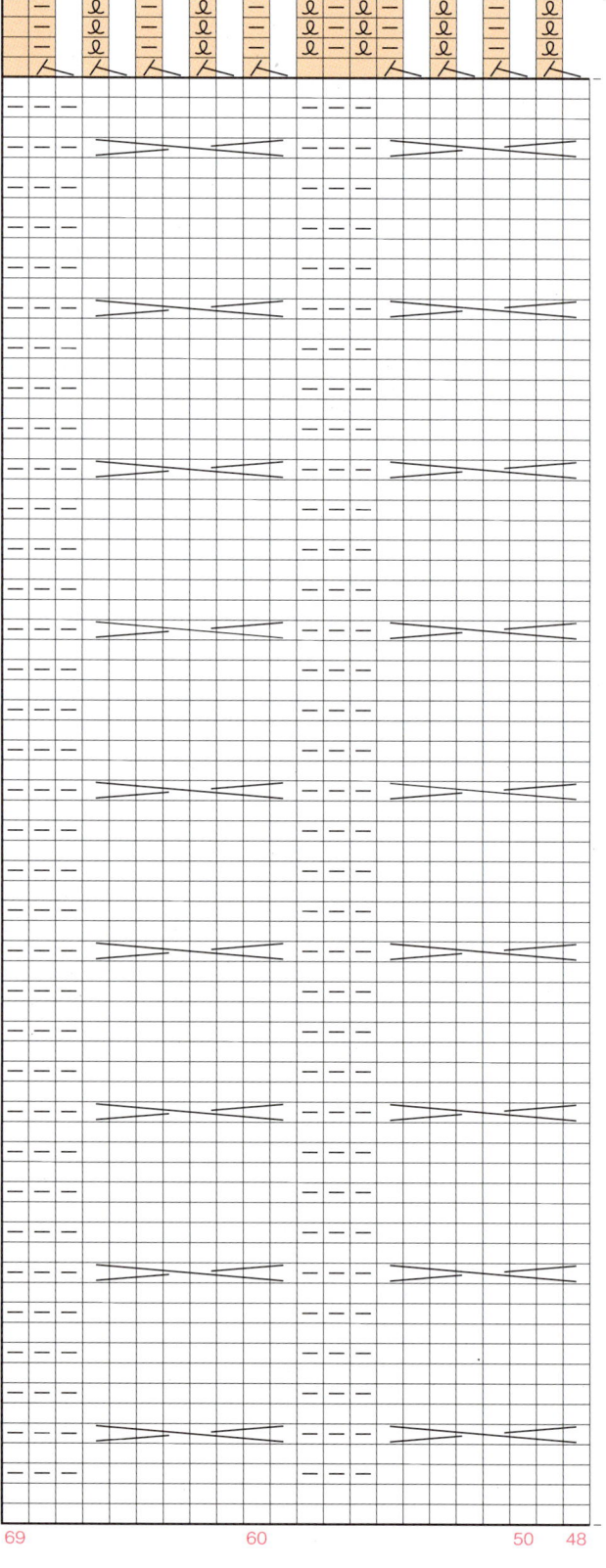

본체 뜨개 도안

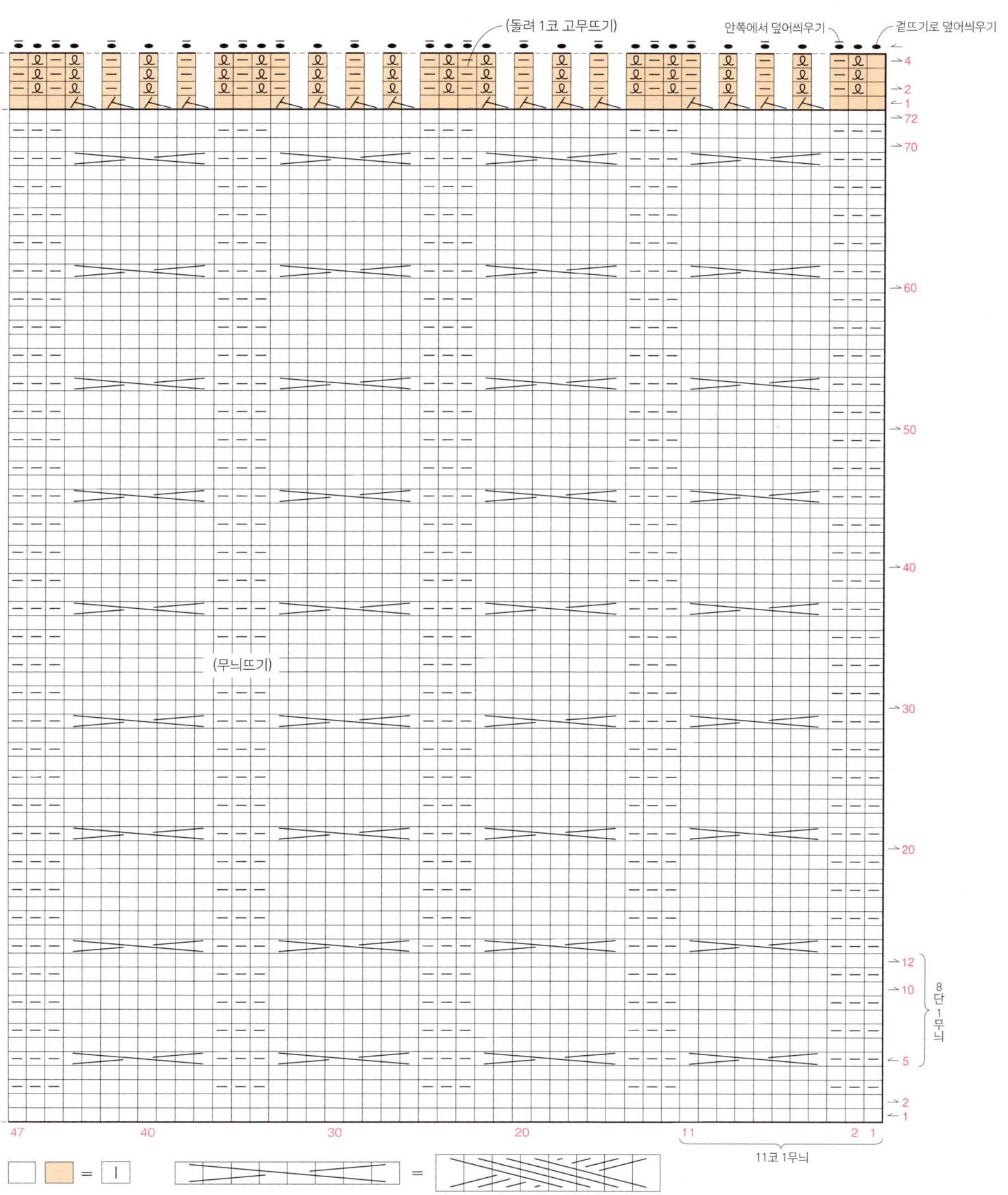

20쪽 래글런 소매 풀오버

21쪽 짧은 풀오버

※무늬뜨기 줄무늬의 실물 크기는 38쪽

완성 치수 ○ (옷 길이는 목둘레의 가장자리 뜨기~밑단)
- 20쪽 가슴둘레 100cm, 길이 50.5cm, 등솔기~소매 끝 길이 39.5cm
- 21쪽 가슴둘레 86cm, 길이 31cm, 등솔기~소매 끝 길이 55.5cm

실(옷 1개 분량) ○ 하마나카 플랙스 K
  샌드 베이지(13) 225g, 퍼플(15) 75g

바늘 ○ 대바늘 3.9mm, 3.6mm

게이지 ○ 무늬뜨기 줄무늬(10×10cm) 22코 30단
  메리야스뜨기(10×10cm) 22코 28단

뜨는 방법 ○ 실은 1가닥으로 뜨고, 지정한 실, 바늘로 뜬다.

1. A, B 모두 일반적인 시작코를 만들어 무늬뜨기 줄무늬, 메리야스뜨기로 70쪽, 71쪽의 뜨개 도안대로 뜨고, 뜨개 끝은 덮어씌우기를 한다.

2. 71쪽의 마무리 방법을 참조하여 A, B의 래글런 선을 돗바늘을 이용해 떠서 꿰매기로 연결한다.

3. 목둘레에서 코를 주워 가장자리뜨기를 원형으로 뜨고, 뜨개 끝은 안뜨기로 덮어씌우기를 한다.

4. 20쪽은 몸판 옆 선과 소매 밑 선을 돗바늘을 이용해 떠서 꿰매기로 잇는다. 21쪽은 소매 밑 선을 돗바늘을 이용해 떠서 꿰매기로 잇고, 몸판 옆 선은 꿰매지 않고 트인 상태로 두고 트임 테두리에 가터뜨기를 한 다음 뜨개 끝은 안쪽에서 겉뜨기로 덮어씌우기를 한다.

치수 도안

※옷 1개에 A, B를 각각 2장씩 뜬다

A, B 무늬뜨기 줄무늬 뜨개 도안

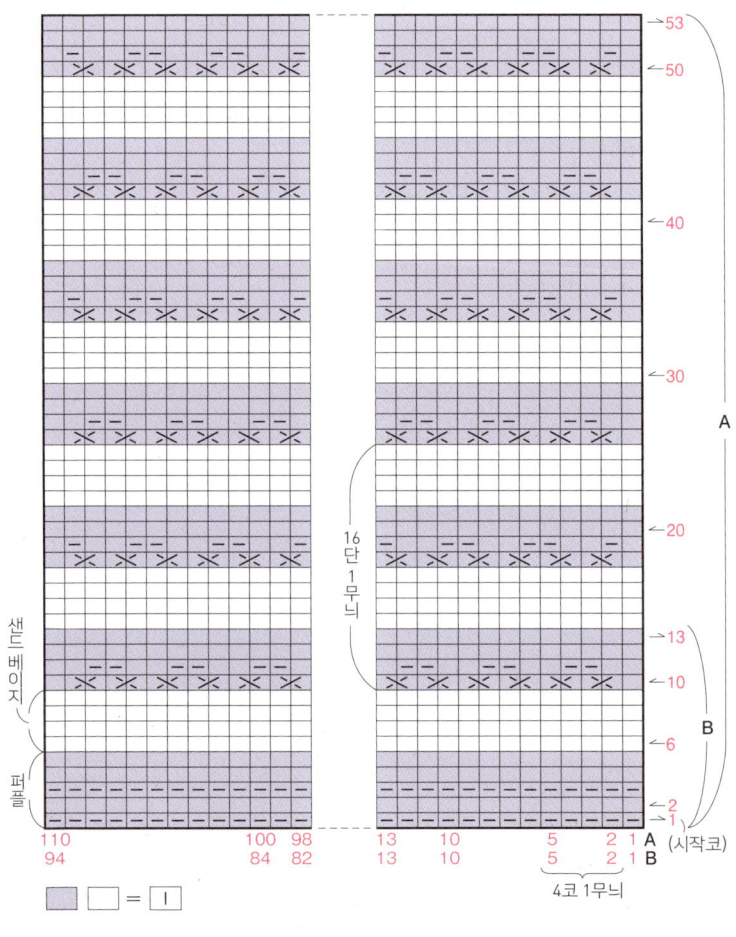

마무리 방법

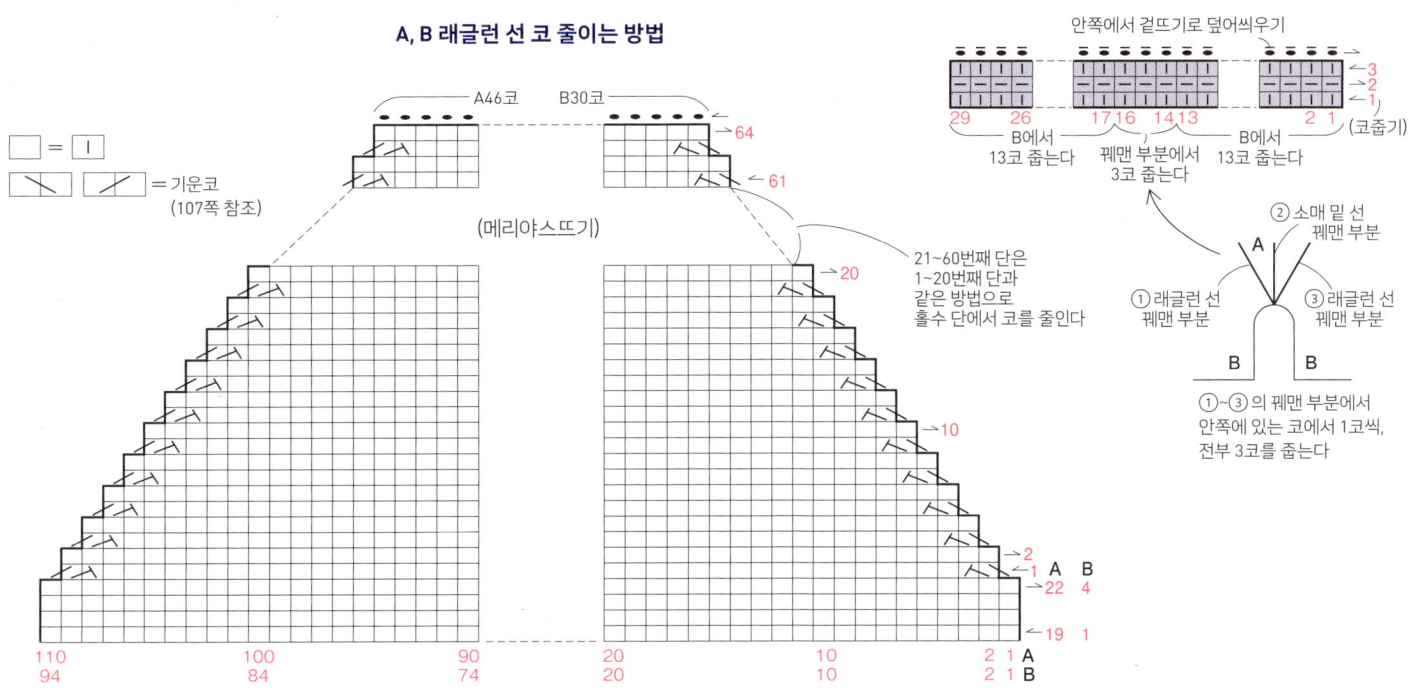

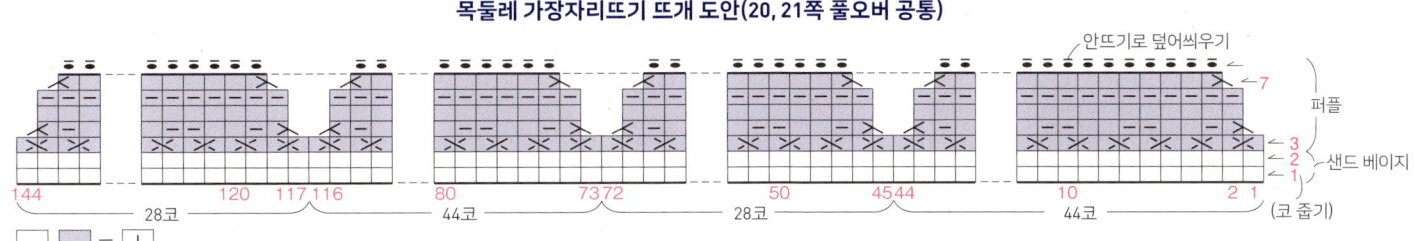

24쪽 **비침 무늬 튜닉**

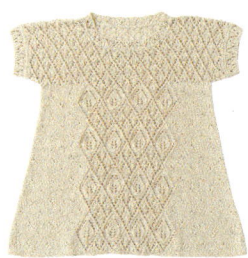

※무늬뜨기A의 실물 크기는 38쪽

완성 치수 ◦ 가슴둘레 94cm, 길이 65cm,
등솔기~소매 끝 길이 32cm

실 ◦ 하마나카 플랙스 K 라메 100
아이보리(651) 390g

바늘 ◦ 대바늘 3.9mm, 3.3mm, 3.0mm
코바늘 5호(풀어내는 시작코,
덮어씌워 빼뜨기 잇기, 빼뜨기 잇기용)
꽈배기 바늘(무늬뜨기B, C, 가장자리뜨기용)

게이지 ◦ 무늬뜨기A, C(10×10cm) 24코 28단
무늬뜨기B(10×10cm) 23코 28단

뜨는 방법 ◦ 실은 1가닥으로 뜨고, 지정한 바늘로 뜬다.

1 뒤판은 풀어내는 시작코를 만들어 무늬뜨기A, B로 74쪽~77쪽의 뜨개 도안대로 128단을 뜬다. 이어서 소매 밑 선은 풀어내는 시작코로 11코를 만들어 무늬뜨기C의 첫째 단에서 전부 133코로 만들어서 뜨고, 어깨의 코는 쉬어둔다.

2 앞판은 뒤판과 같은 방법으로 뜨고, 목둘레는 73쪽의 뜨개 도안을 참조한다.

3 어깨는 덮어씌워 빼뜨기 잇기 하고, 목둘레는 가장자리뜨기 한다.

4 진동둘레에서 코를 주워 가장자리뜨기를 왕복으로 뜬다.

5 소매 밑 선의 시작코를 풀어내어 코를 주워서 코바늘을 이용해 빼뜨기 잇기를 하고, 진동둘레를 돗바늘을 이용해 떠서 꿰매기로 잇는다.

6 몸판 옆 선을 돗바늘을 이용해 떠서 꿰매기로 잇는다

7 밑단의 시작코를 풀어내어 코를 줍고, 가터뜨기를 원형으로 뜬다.

치수 도안

목둘레, 진동둘레
(가장자리뜨기) 3.0mm, 3.3mm

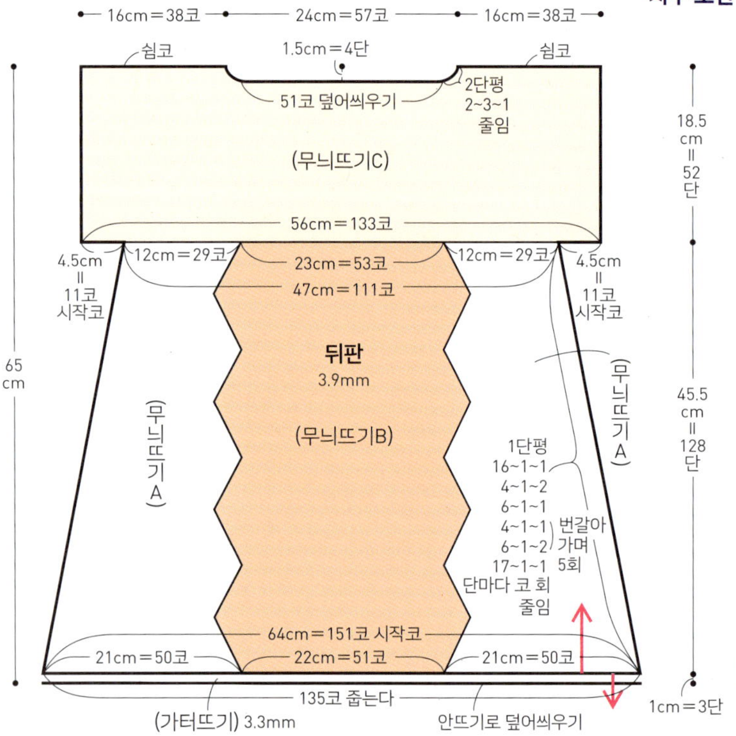

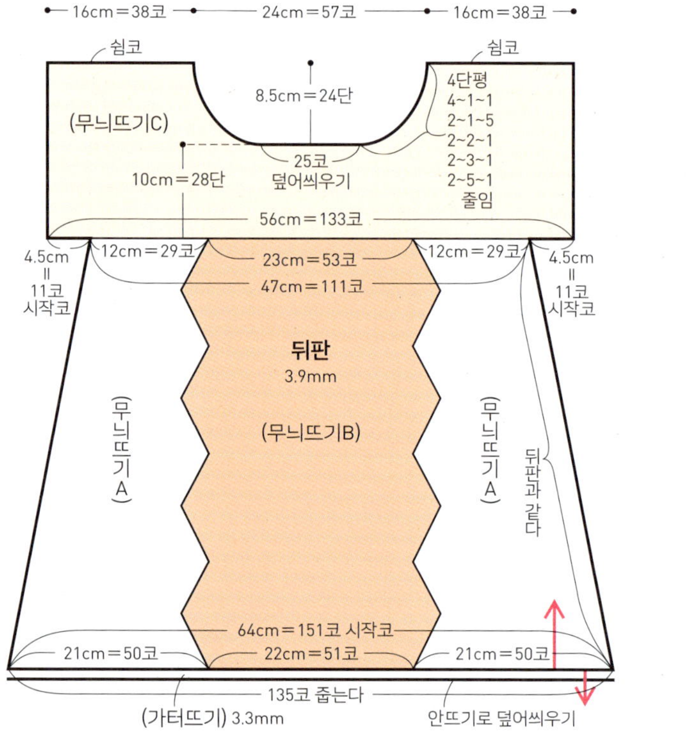

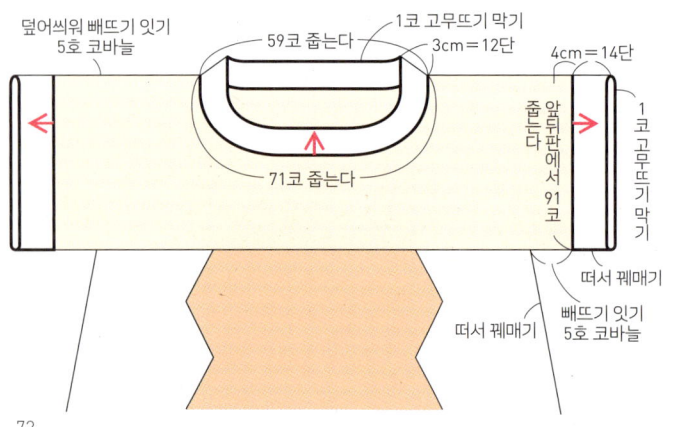

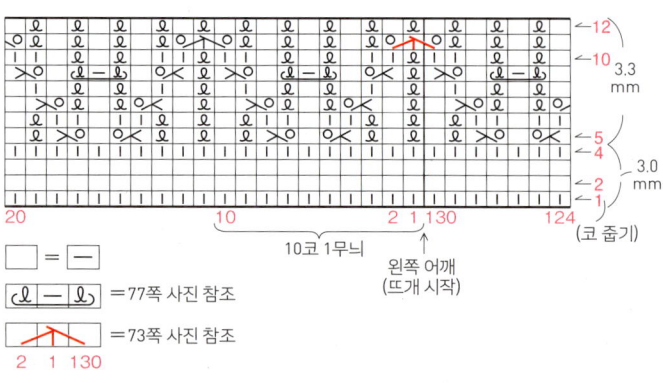

목둘레 가장자리뜨기 뜨개 도안

앞판 목둘레 뜨개 도안

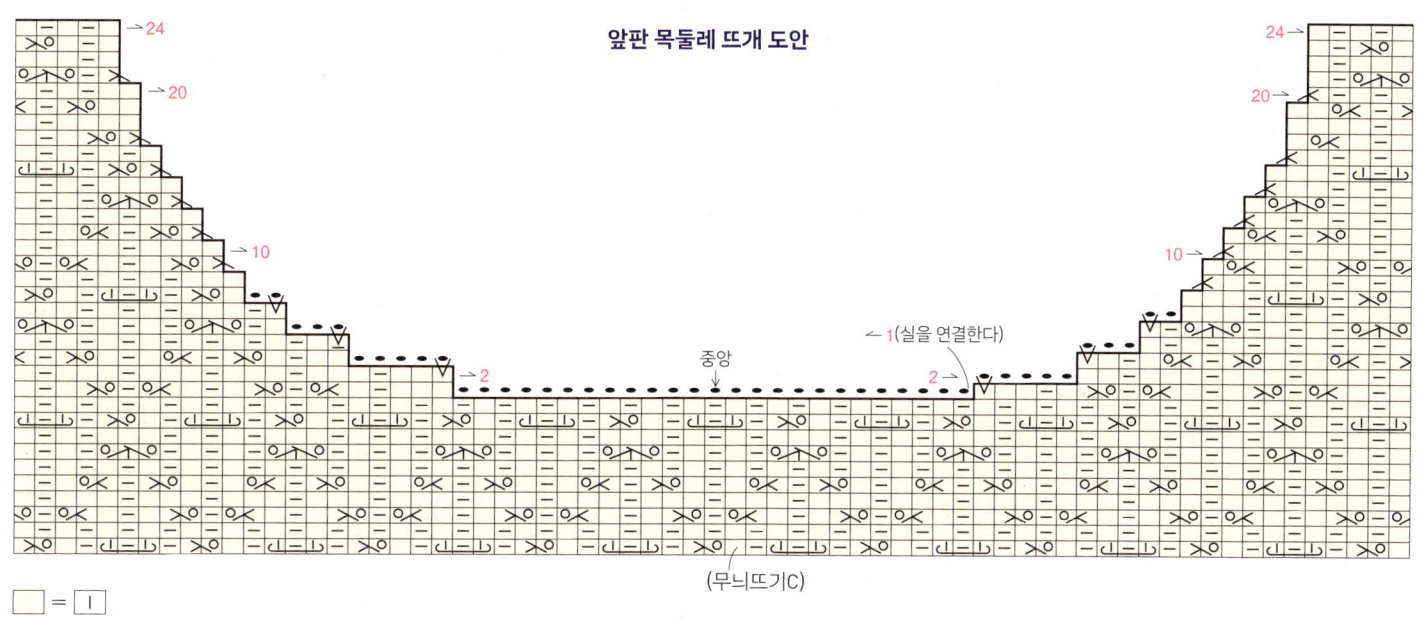

(무늬뜨기C)

□ = |

⊔—⊓ = 76쪽 사진 참조

∇ ∇ 뜨는 방법은 108쪽 참조

밑단 가터뜨기 뜨개 도안

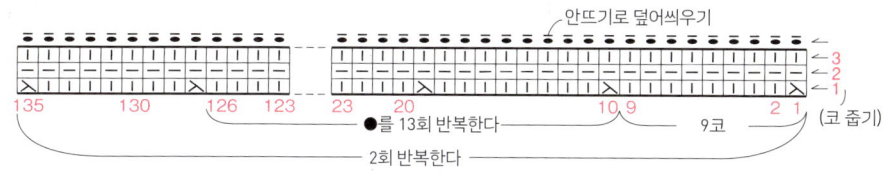

진동둘레 가장자리뜨기 뜨개 도안

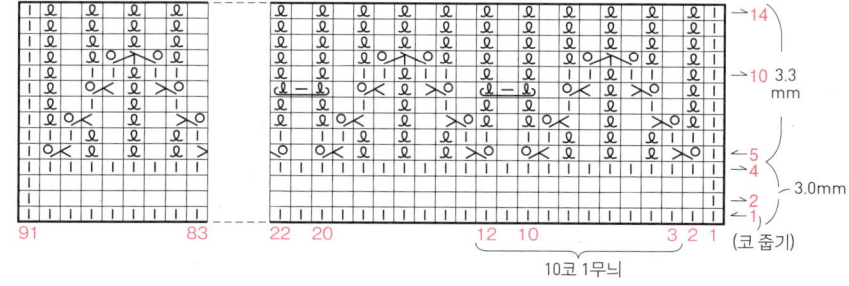

□ = —

⊔—⊓ 77쪽 사진 참조

뜨는 방법(목둘레의 가장자리뜨기 11번째 단. 단의 마지막과 첫 부분의 코에서 오른코 겹쳐 3코 모아뜨기를 한다)

2　1　130

※알아보기 쉽도록 다른 색 실을 사용했습니다

❶ 단의 마지막 코(130번째 코)를 4번째 바늘로 옮기고, 1, 2번째 코에 바늘을 넣어 왼코 겹쳐 2코 모아뜨기를 한다.

❷ 왼쪽 바늘을 130번째 코에 넣는다.

❸ 130번째 코로 왼코 겹쳐 2코 모아뜨기를 덮어씌운다.

❹ 마지막과 첫 부분의 코로 오른코 겹쳐 3코 모아뜨기를 한 모습.

뒤판 뜨개 도안

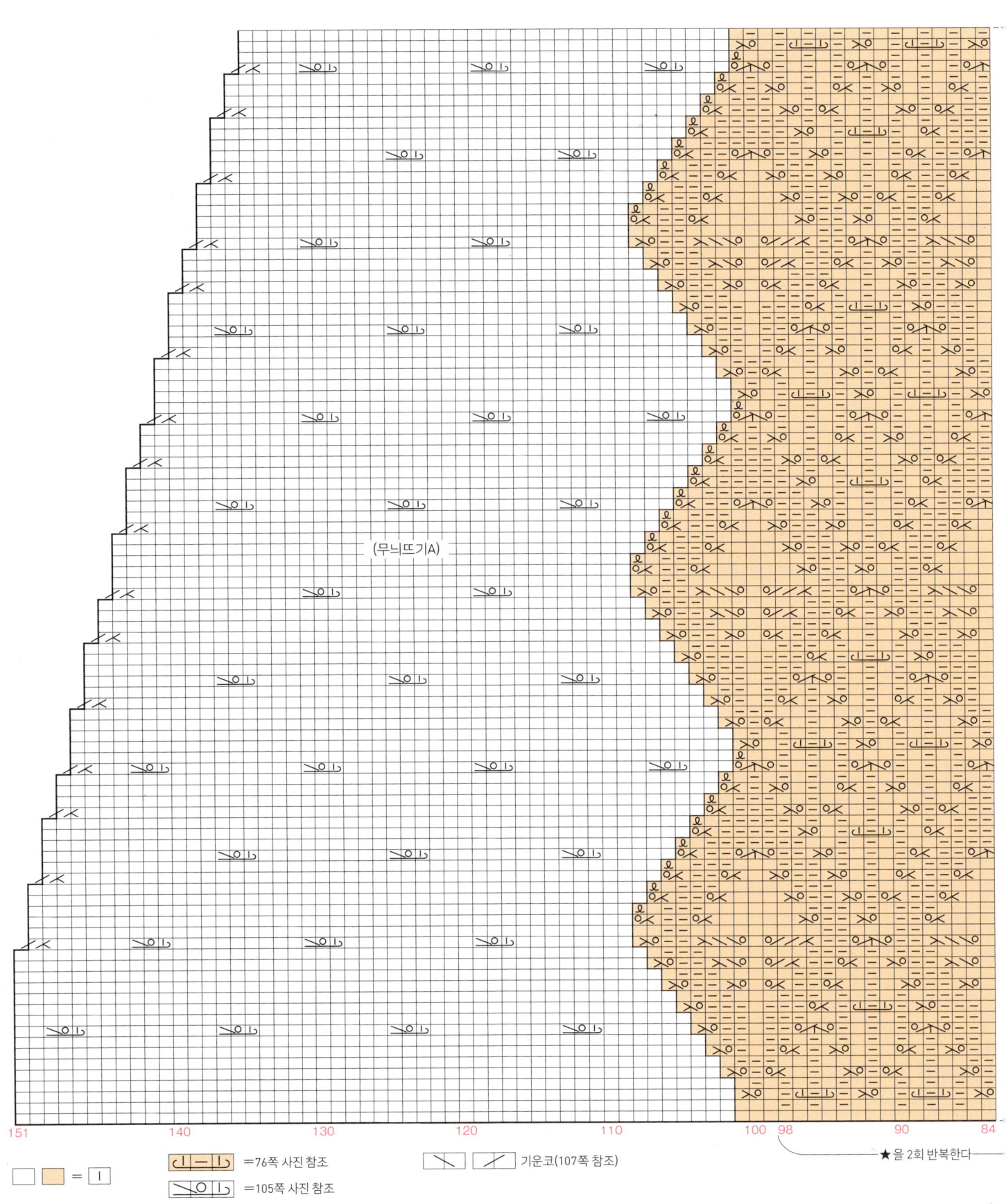

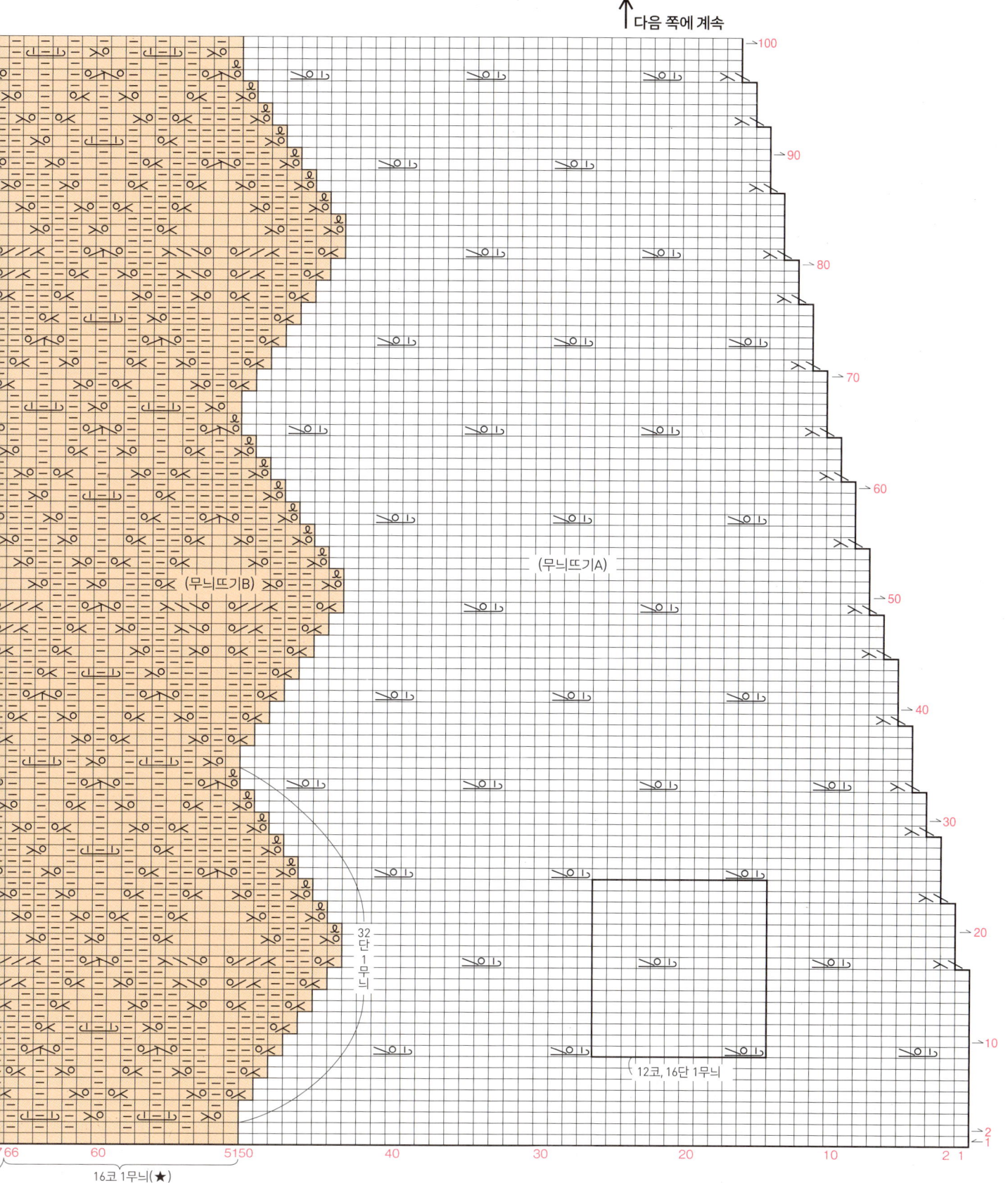

74, 75쪽에 이어서

□ ■ □ = │   ⊔−⊔ ⊔−⊔ =아래의 사진 참조   ⟋ ⟍ =기운코(107쪽 참조)
               ⟍○⊔ ⟋○⊔ =105쪽 사진 참조   ⩔ =뜨는 방법은 108쪽 참조

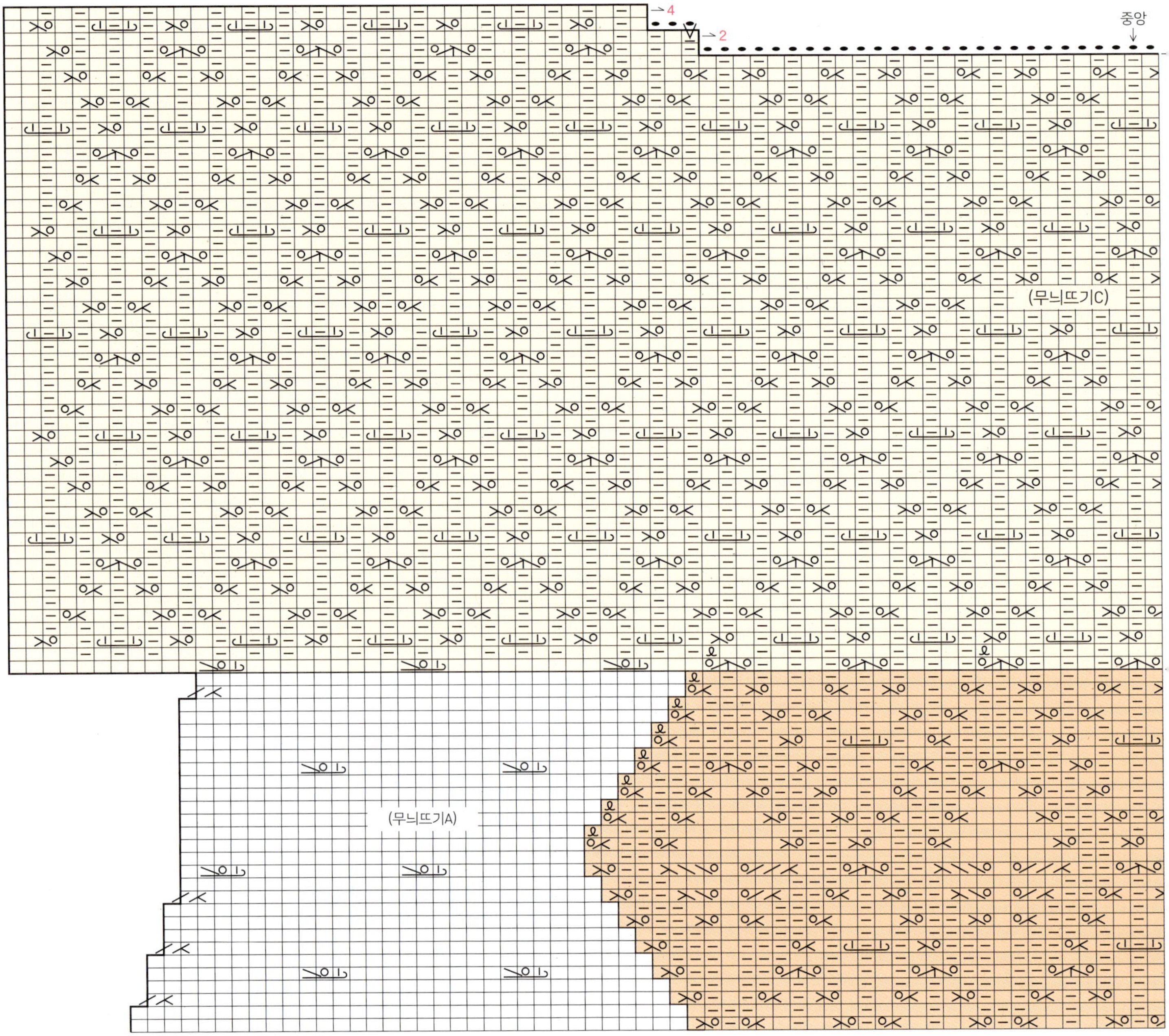

중앙 →

(무늬뜨기C)

(무늬뜨기A)

⊔−⊔ **뜨는 방법**(몸판 무늬뜨기B, C) ※알아보기 쉽도록 다른 색 실을 사용했습니다

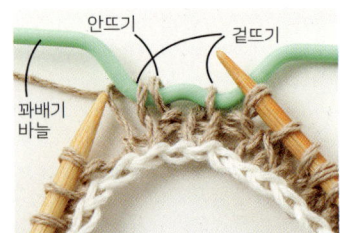

❶ 겉뜨기, 안뜨기, 겉뜨기를 하고 이 3코를 꽈배기바늘로 옮긴다.

❷ 꽈배기바늘로 옮긴 3코의 앞쪽에서 뒤쪽으로 뜨던 실을 2바퀴 감는다.

❸ 오른쪽 바늘로 3코를 옮긴다. 기호의 무늬를 뜬 모습.

뜨는 방법(목둘레, 진동둘레 가장자리뜨기) ※알아보기 쉽도록 다른 색 실을 사용했습니다

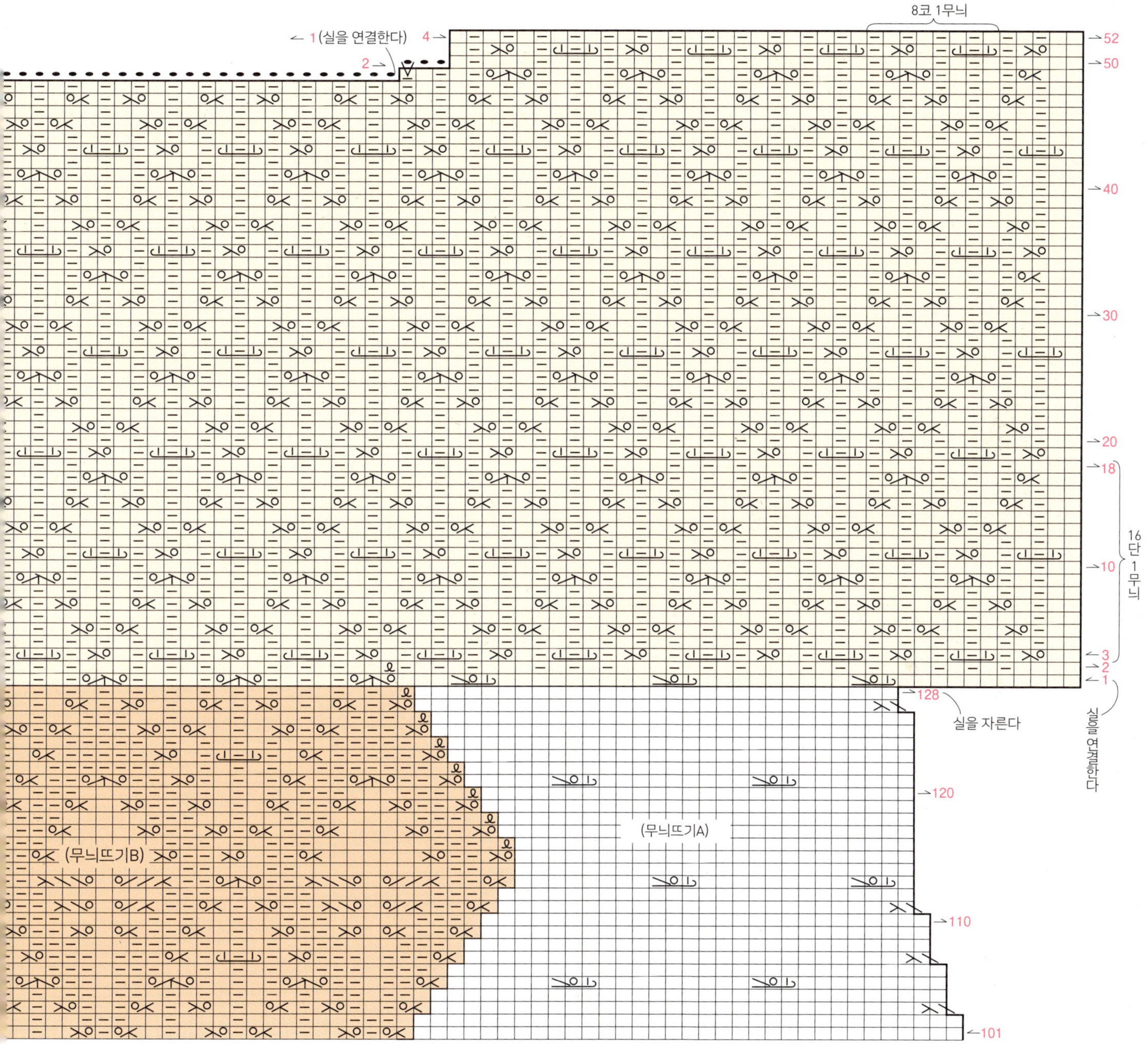

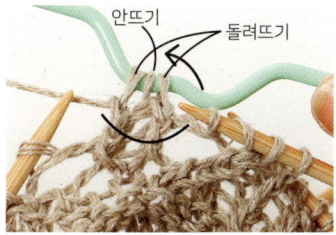

❶ 76쪽의 사진과 같은 방법으로 돌려뜨기, 안뜨기, 돌려뜨기를 한 다음 꽈배기바늘로 코를 옮기고, 뜨던 실을 2바퀴 감는다.

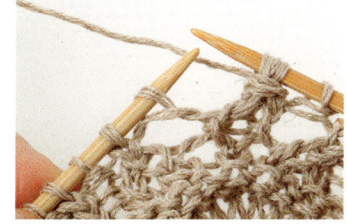

❷ 오른쪽 바늘로 3코를 옮긴다. 기호의 무늬를 뜬 모습.

25쪽 프린지가 달린 미니 스톨

※무늬뜨기의 실물 크기는 38쪽

완성 치수 ◦ 폭 16cm, 길이 168cm

실 ◦ 하마나카 플랙스 Ly
흰색(801) 130g

바늘 ◦ 코바늘 4호

게이지 ◦ 무늬뜨기 1무늬=5.1cm, 13단=10cm

뜨는 방법 ◦ 실은 1가닥으로 뜨고,
전부 4호 코바늘로 뜬다.
사슬뜨기로 시작코를 43코 만들어 무늬뜨기로 185단을 뜨고, 이어서 테두리에 가장자리뜨기, 프린지를 뜬다.

뜨개 도안

A-사슬뜨기 30코
B-사슬뜨기 29코
C-사슬뜨기 28코

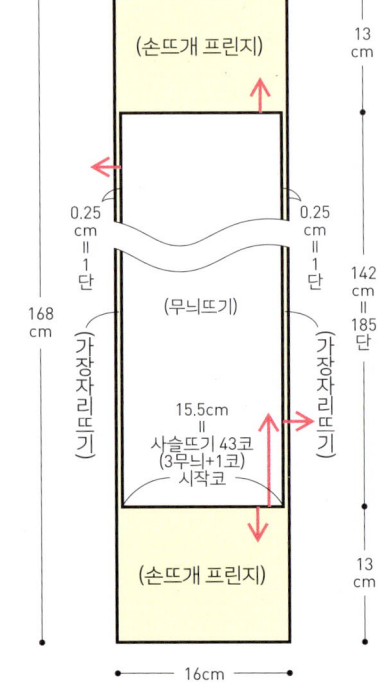

치수 도안

※ 가장자리뜨기, 프린지의 코 줍기 콧수는 뜨개 도안 참조

26쪽 코바늘 스페어 칼라

※무늬뜨기와 짧은뜨기의 실물 크기는 38쪽

완성 치수 ◦ 안쪽 둘레 48cm, 바깥 둘레 99cm, 폭 12cm
실 ◦ 하마나카 플랙스 K 샌드 베이지(13) 45g
바늘 ◦ 코바늘 5호
기타 ◦ 1.3cm 사각 단추 1개
게이지 ◦ 무늬뜨기(시작코) 1무늬(7코)=4cm
　　　　　한길 긴뜨기 1단=1.2cm

뜨는 방법 ◦ 실은 1가닥으로 뜨고, 전부 5호 코바늘로 뜬다.
1 사슬뜨기로 시작코를 84코 만들어 무늬뜨기를 11단 뜨고, 실을 자른다.
2 무늬뜨기의 첫째 단 왼쪽 가장자리에 새로운 실을 연결하여 단춧고리를 뜨고, 이어서 시작코의 반대쪽에 짧은뜨기를 1단 뜬다.
2 단추를 단다.

치수 도안

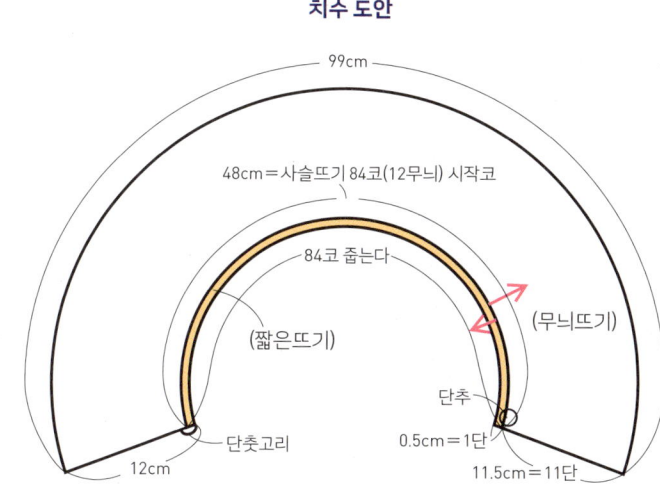

뜨개 도안

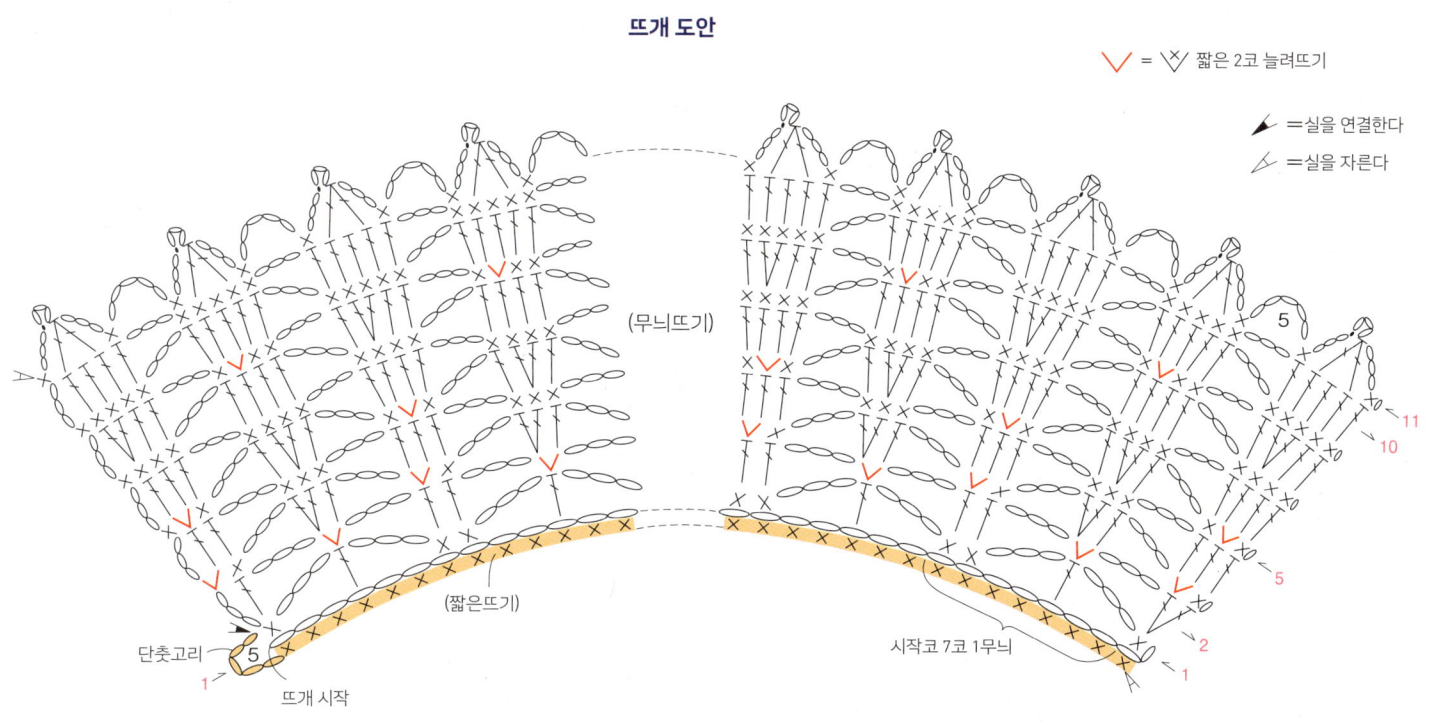

27쪽 레이스 무늬 니트

※무늬뜨기의 실물 크기는 38쪽

완성 치수 ◦ 가슴둘레 104cm, 길이 44cm, 등솔기~소매 끝 길이 28cm

실 ◦ 하마나카 플랙스 K 라메 그레이(610) 220g

바늘 ◦ 대바늘 3.9mm
코바늘 5호(덮어씌워 빼뜨기 잇기용)

게이지 ◦ 무늬뜨기(10×10cm) 21코 26단

뜨는 방법 ◦ 실은 1가닥으로 뜨고, 지정한 바늘로 뜬다.

1 몸판은 일반적인 시작코를 만들어 가터뜨기, 무늬뜨기로 뜨개 도안대로 증감 없이 뜨고, 뜨개 끝은 코를 모두 쉬어둔다. 같은 것을 2장 뜬다.

2 어깨는 코바늘을 이용해 덮어씌워 빼뜨기 잇기를 하고, 몸판 옆 선은 돗바늘을 이용해 떠서 꿰매기로 잇는다.

3 목둘레에서 코를 주워 가터뜨기로 81쪽의 뜨개 도안대로 7단을 원형으로 뜨고, 뜨개 끝은 안쪽에서 겉뜨기로 덮어씌우기를 한다.

4 진동둘레에서 코를 주워 가터뜨기로 81쪽의 뜨개 도안대로 6단을 원형으로 뜨고, 뜨개 끝은 안쪽에서 겉뜨기로 덮어씌우기를 한다.

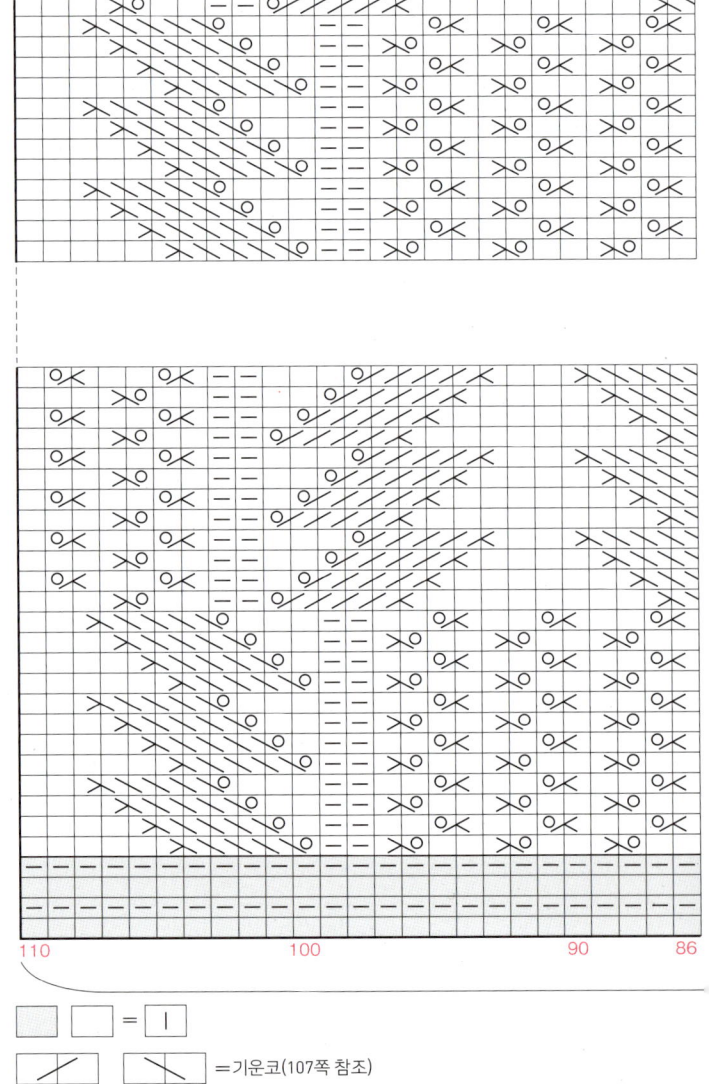

목둘레 가터뜨기 뜨개 도안

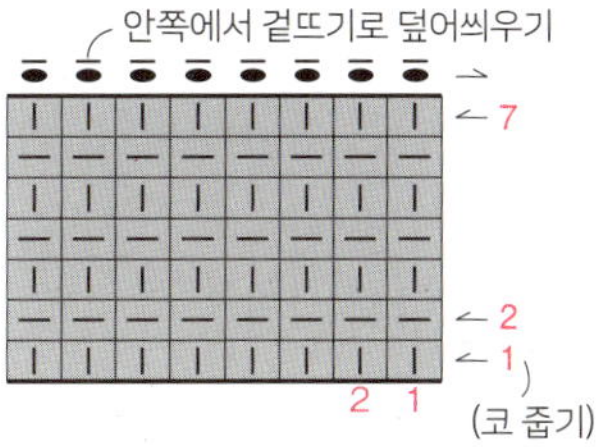

진동둘레 가터뜨기 뜨개 도안

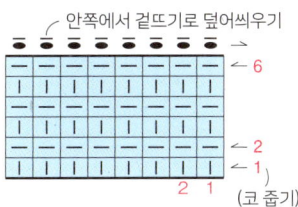

무늬뜨기를 뜰 때 주의할 점

뜨개 도안은 편물을 겉쪽에서 본 상태의 기호이므로, 편물의 안쪽에서 뜨는 단에서는

⼈ → ⼈ 안뜨기의 왼코 겹쳐 2코 모아뜨기
⼈ → ⼈ 안뜨기의 오른코 겹쳐 2코 모아뜨기

로 기법을 다르게 뜬다

몸판 뜨개 도안

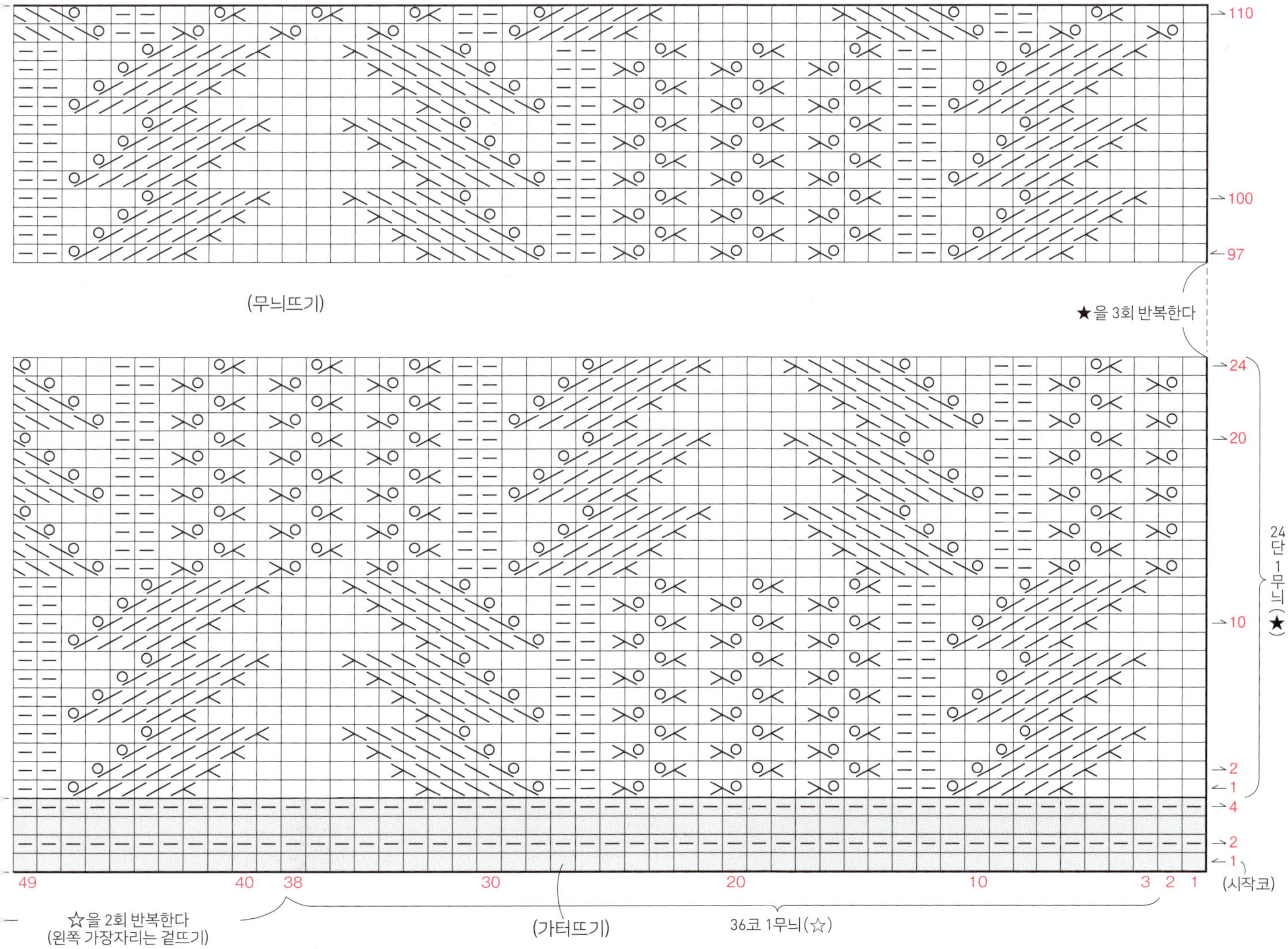

(무늬뜨기)

★을 3회 반복한다

24단 1무늬(★)

☆을 2회 반복한다
(왼쪽 가장자리는 겉뜨기)

(가터뜨기)

36코 1무늬(☆)

(시작코)

30, 31쪽 파인애플 무늬 삼각 숄

※무늬뜨기A의 실물 크기는 39쪽
※이 작품은 권장 바늘보다 굵은 바늘을 사용해 떴습니다

완성 치수◦ 너비 약 98cm, 길이 51.5cm
실◦ 하마나카 플랙스 Ly 진남색(806) 95g
바늘◦ 코바늘 5호
게이지◦ 무늬뜨기A 한길 긴뜨기 1단=1.2cm
　　　　무늬뜨기B 11단=10cm

뜨는 방법◦ 실은 1가닥으로 뜨고, 전부 5호 코바늘로 치수 도안 ①~⑤의 순서로 뜬다.

1 ①은 중앙에서 실 끝을 원형으로 만들어 82쪽, 83쪽의 뜨개 도안을 참조하여 무늬뜨기A를 29단 뜬다.
2 ②는 ①에서 실을 계속 이어서 왼쪽의 무늬뜨기B를 22단 뜨고(첫째 단은 82쪽, 둘째 단 이후는 84쪽), 실을 자른다.
3 ③은 ①의 오른쪽 지정한 위치에 새로운 실을 연결하고, 무늬뜨기B를 22단 뜬 다음(첫째 단은 83쪽, 둘째 단 이후는 85쪽) 실을 자른다.
4 ④는 ①의 위쪽에 새로운 실을 연결하고, 무늬뜨기B를 24단 뜬 다음(첫째 단은 82쪽, 83쪽, 둘째 단 이후는 84쪽) 실을 자른다.
5 ⑤의 가장자리뜨기는 84쪽, 85쪽의 뜨개 도안을 참조하여 ①의 왼쪽 지정한 위치에 새로운 실을 연결하여 가장자리뜨기를 1단 돌아가며 뜨고, 둘째 단은 왼쪽의 무늬뜨기B, 아래쪽, 오른쪽의 무늬뜨기B 부분에만 뜬다.

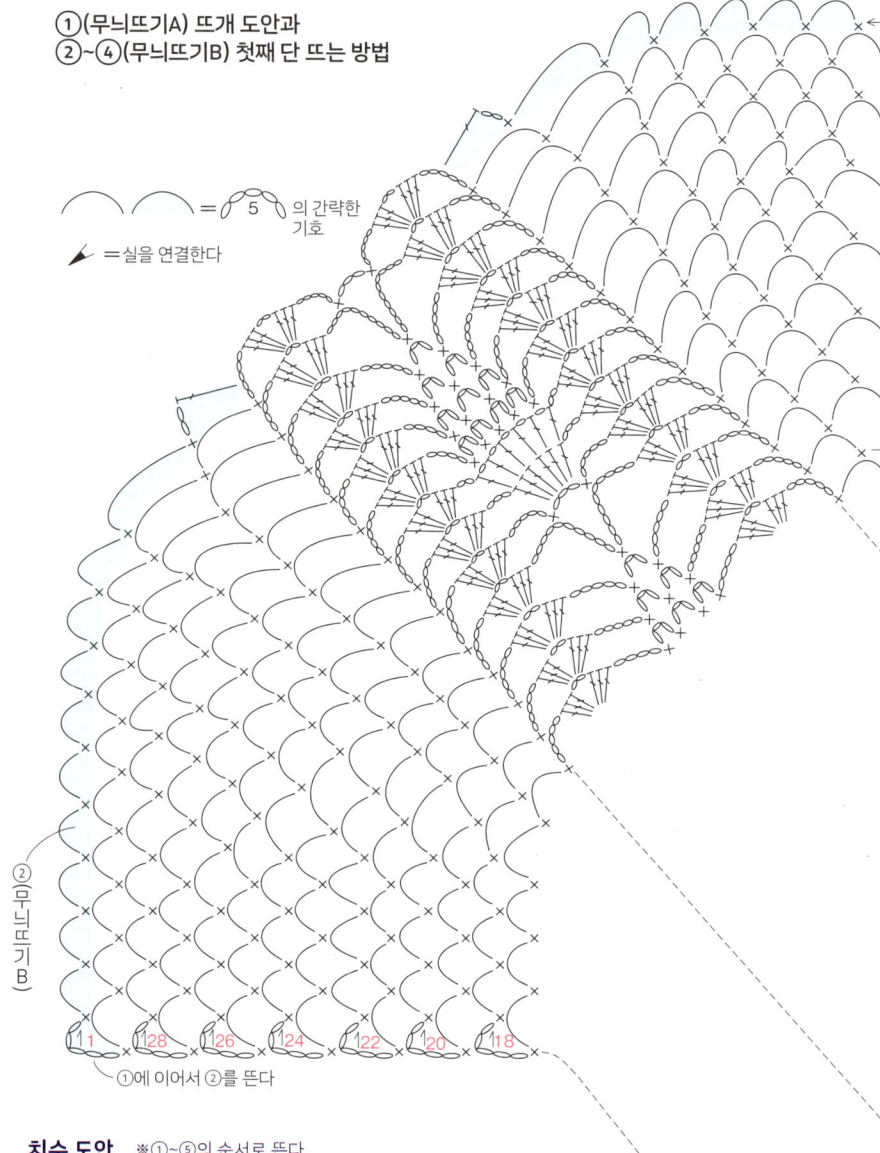

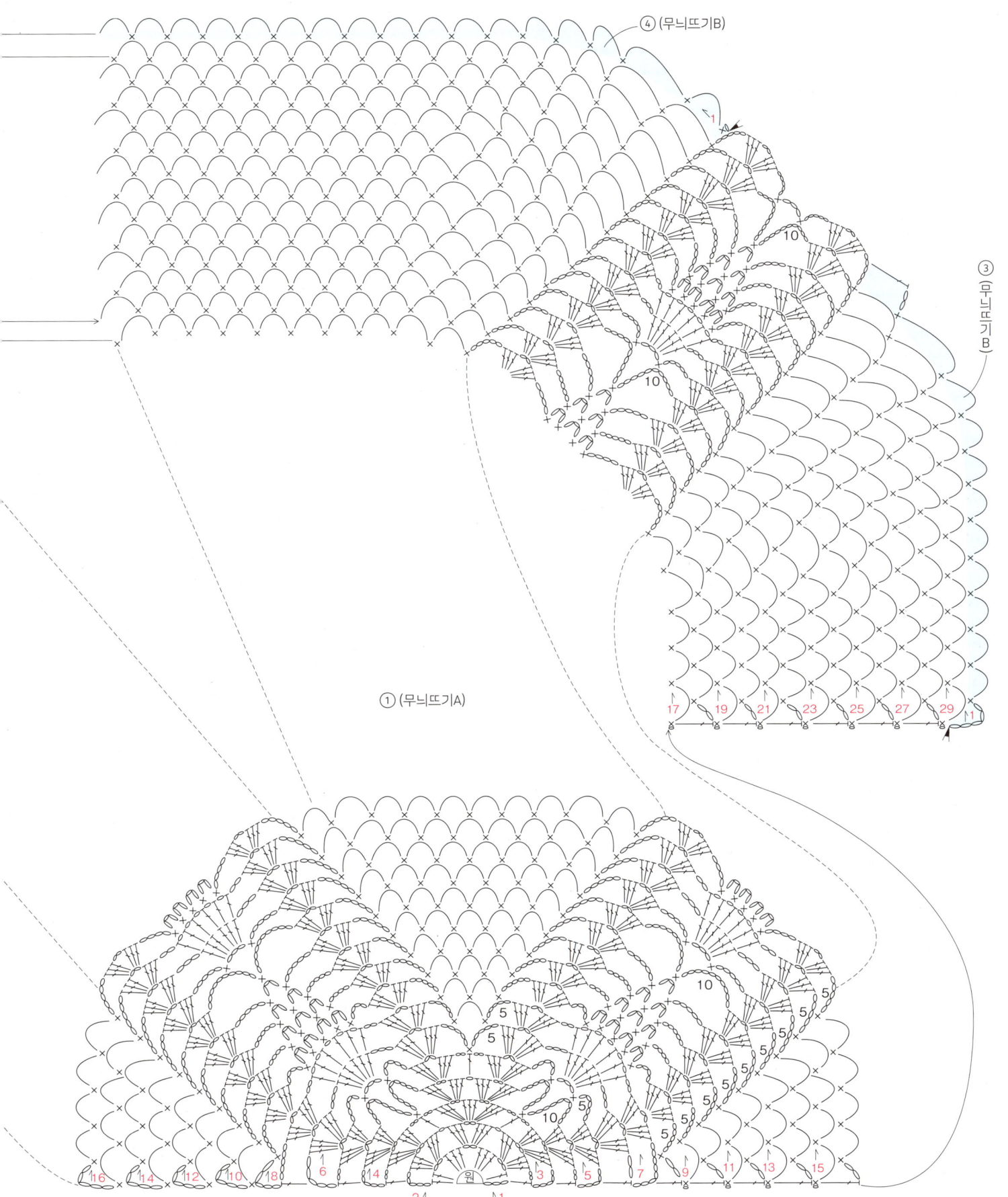

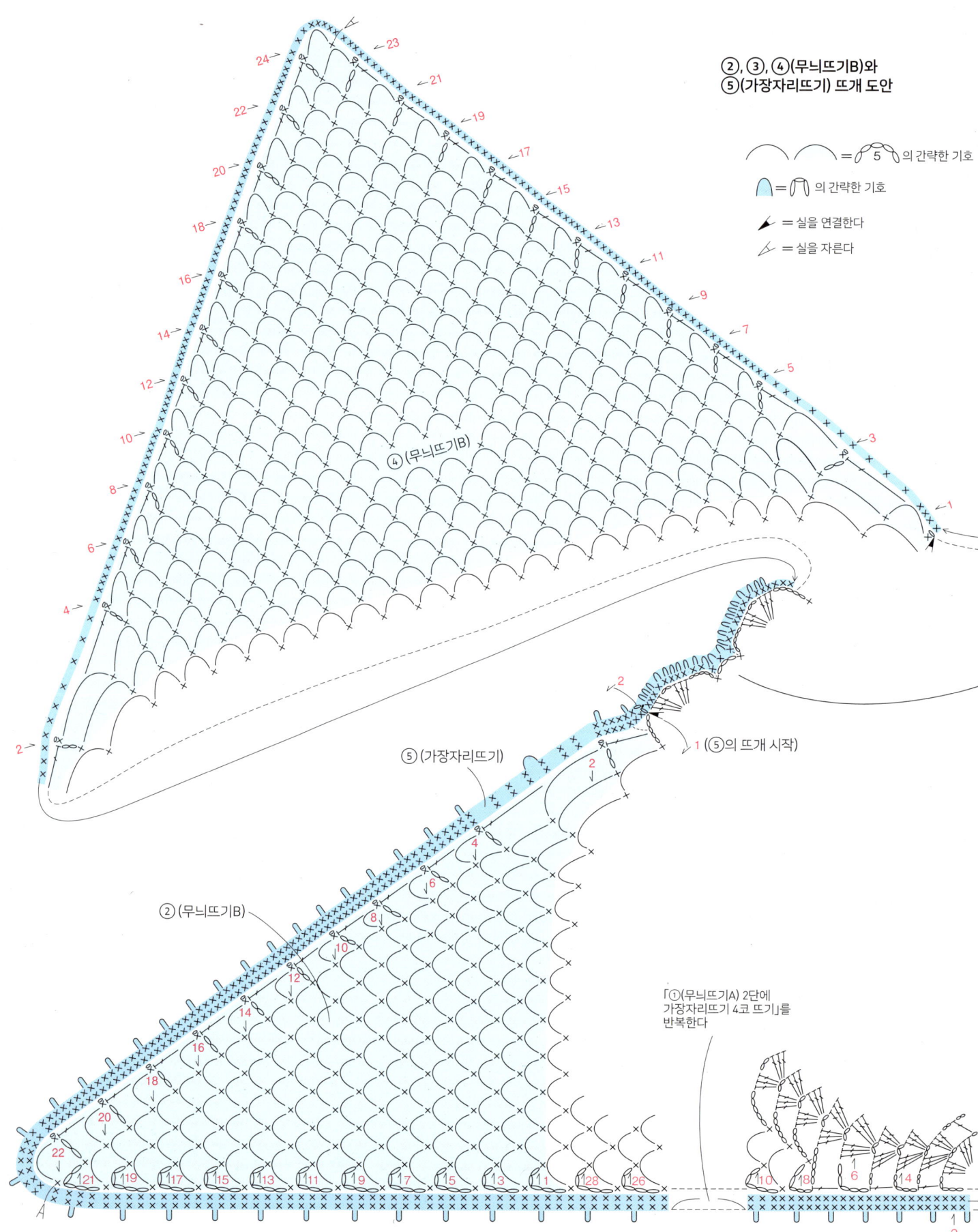

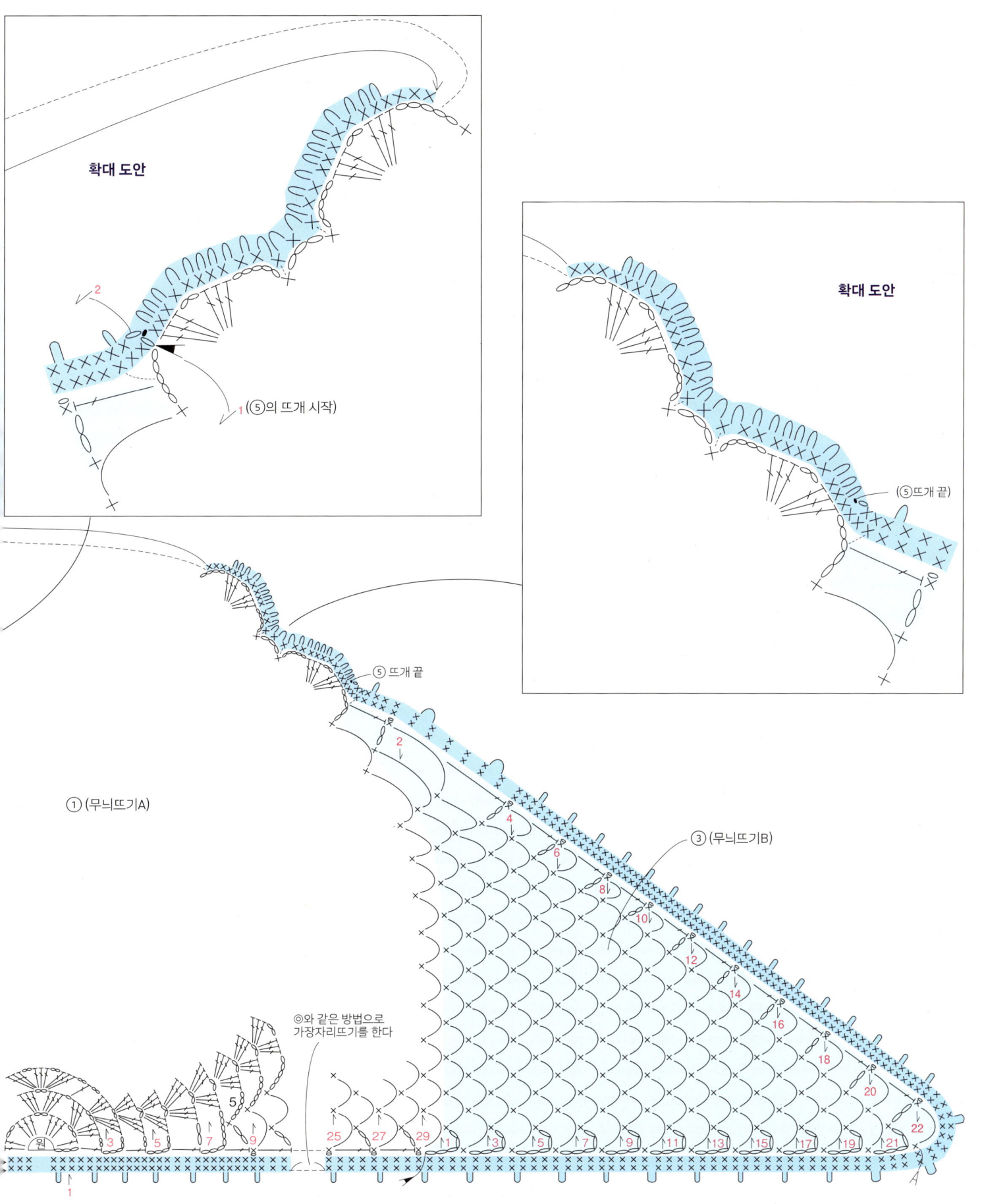

32쪽 래글런 소매 카디건

※무늬뜨기의 실물 크기는 39쪽

완성 치수 ◦ 가슴둘레 94cm, 길이 51cm, 등솔기~소매 끝 길이 40.5cm
실 ◦ 하마나카 플랙스 K 그린(207) 290g
바늘 ◦ 대바늘 3.9mm, 3.6mm
기타 ◦ 지름 1.5cm 단추 3개
  콧수 표시 링(무늬뜨기 교차용)
게이지 ◦ 무늬뜨기(10×10cm) 22코 29단
  메리야스뜨기(10×10cm) 22코 26단

뜨는 방법 ◦ 실은 1가닥으로 뜨고, 지정한 바늘로 뜬다.

1. 앞뒤판은 일반적인 시작코를 만들어 88쪽~91쪽의 뜨개 도안대로 뜨고, 뜨개 끝은 덮어씌우기를 한다.
2. 소매도 같은 방법으로 시작코를 만들어 87쪽의 뜨개 도안대로 뜨고, 뜨개 끝은 덮어씌우기를 한다.
3. 108쪽의 래글런 소매 꿰매는 방법을 참조하여 래글런 선을 꿰매고, 목둘레에서 코를 주워 멍석뜨기를 한 다음 뜨개 끝은 앞단과 같은 기호로 덮어씌우기를 한다.
4. 몸판 옆 선과 소매 밑 선을 돗바늘을 이용해 떠서 꿰매기로 잇고, 단추를 단다.

치수 도안

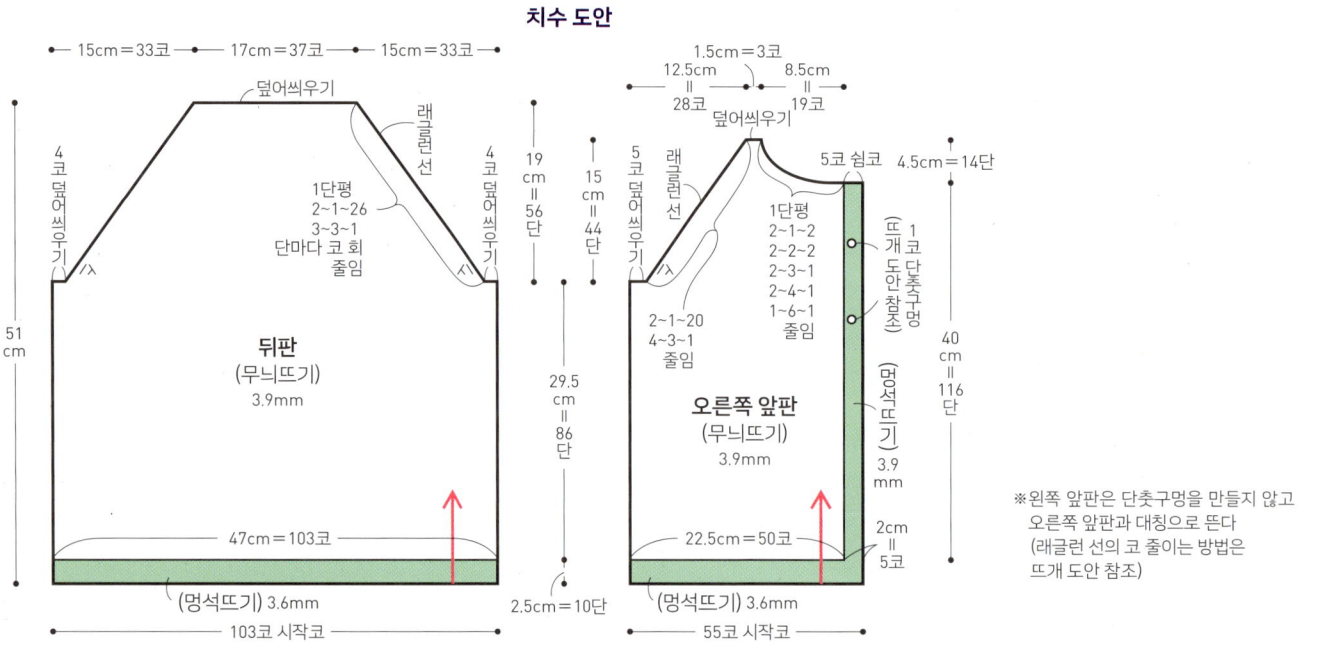

※왼쪽 앞판은 단춧구멍을 만들지 않고 오른쪽 앞판과 대칭으로 뜬다 (래글런 선의 코 줄이는 방법은 뜨개 도안 참조)

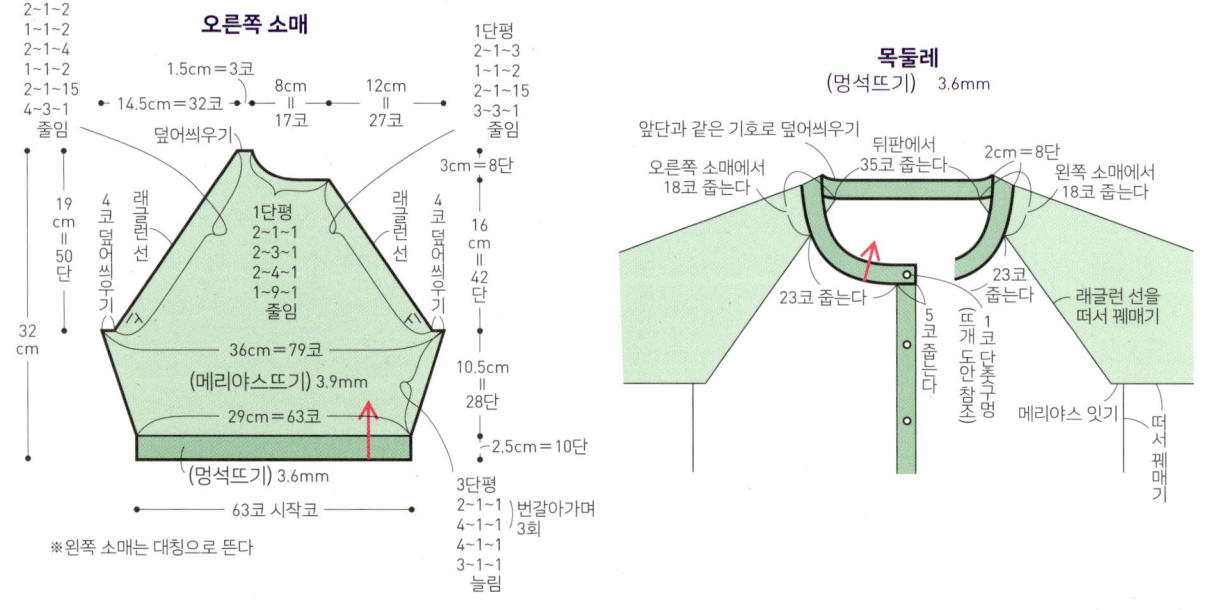

※왼쪽 소매는 대칭으로 뜬다

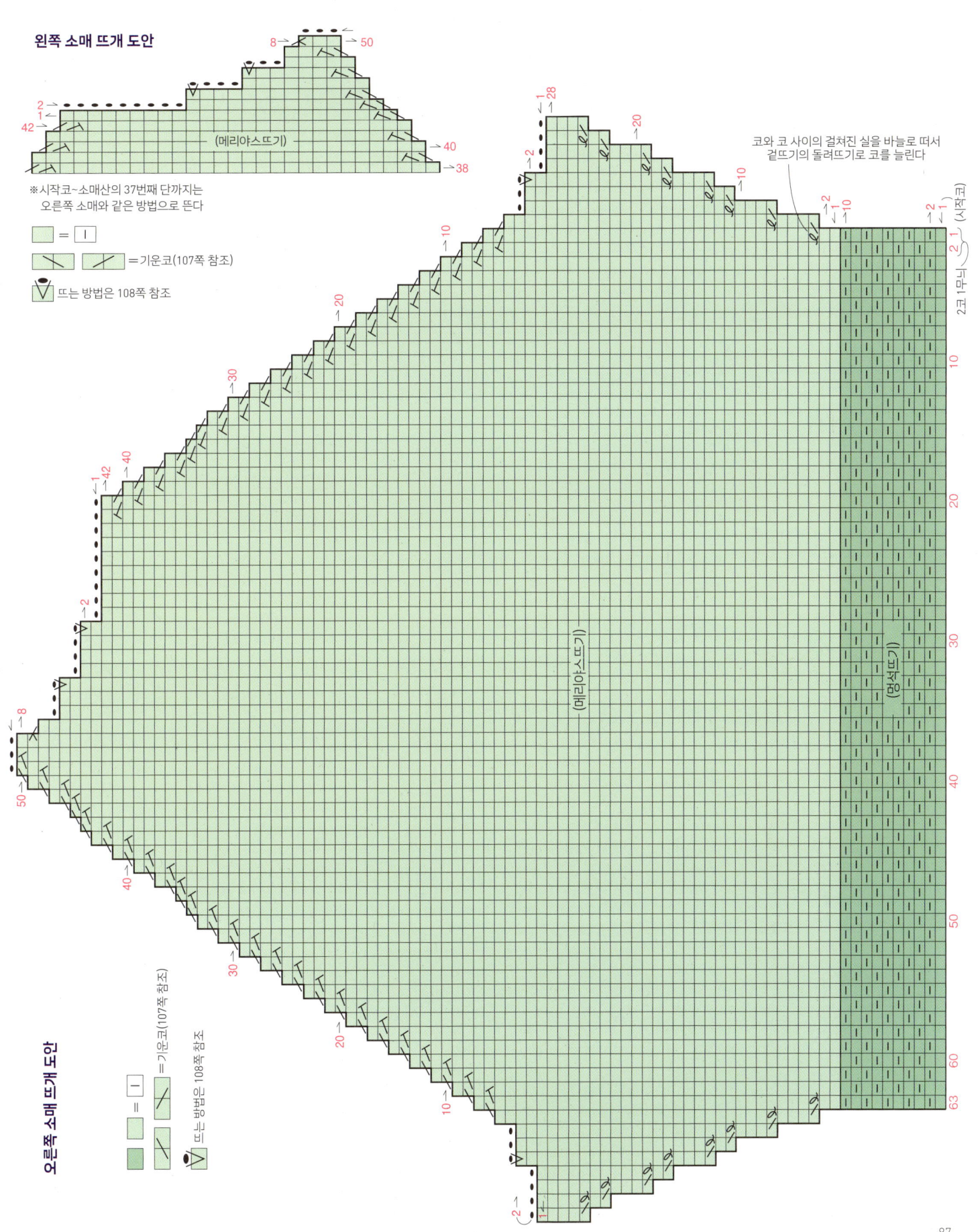

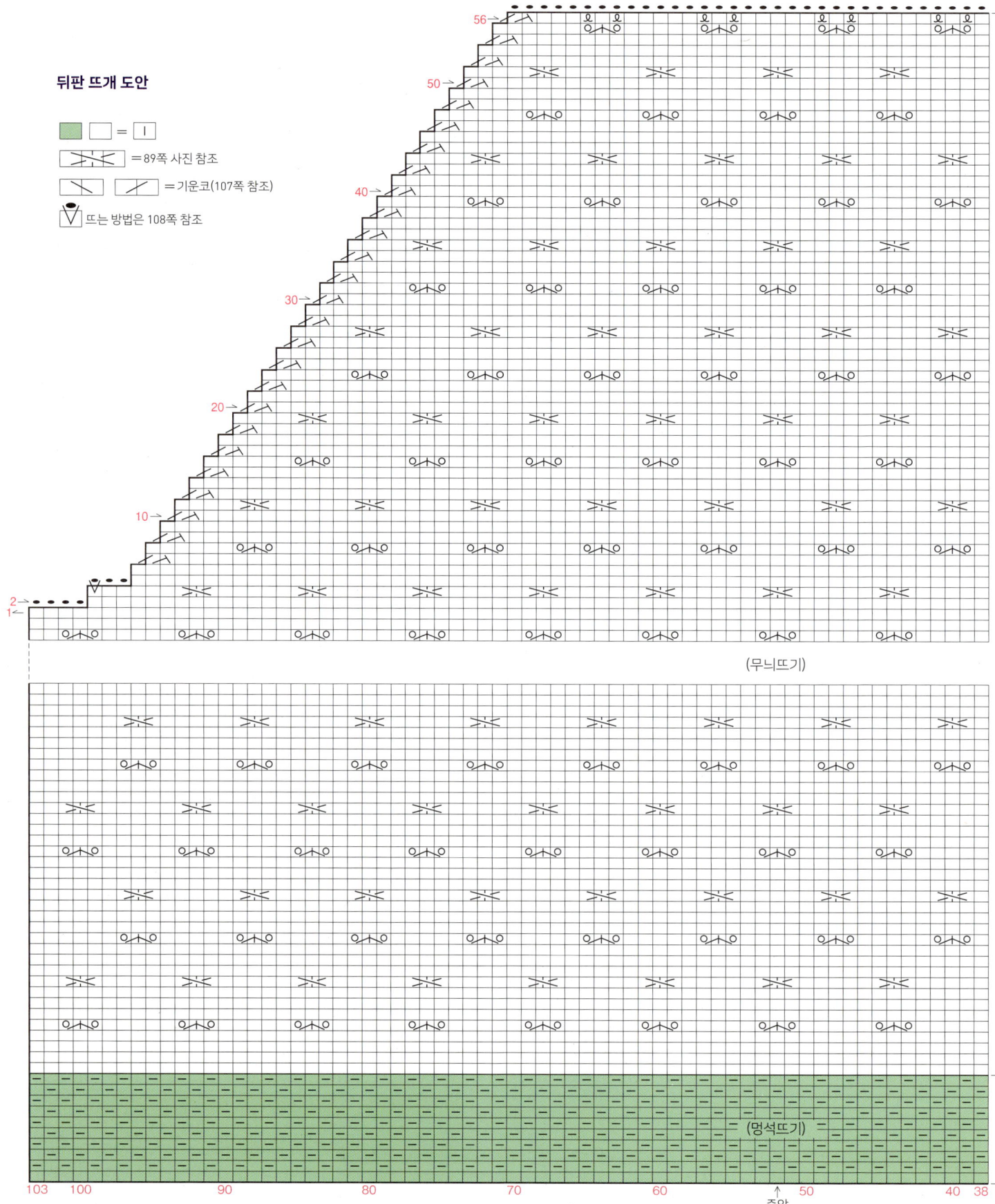

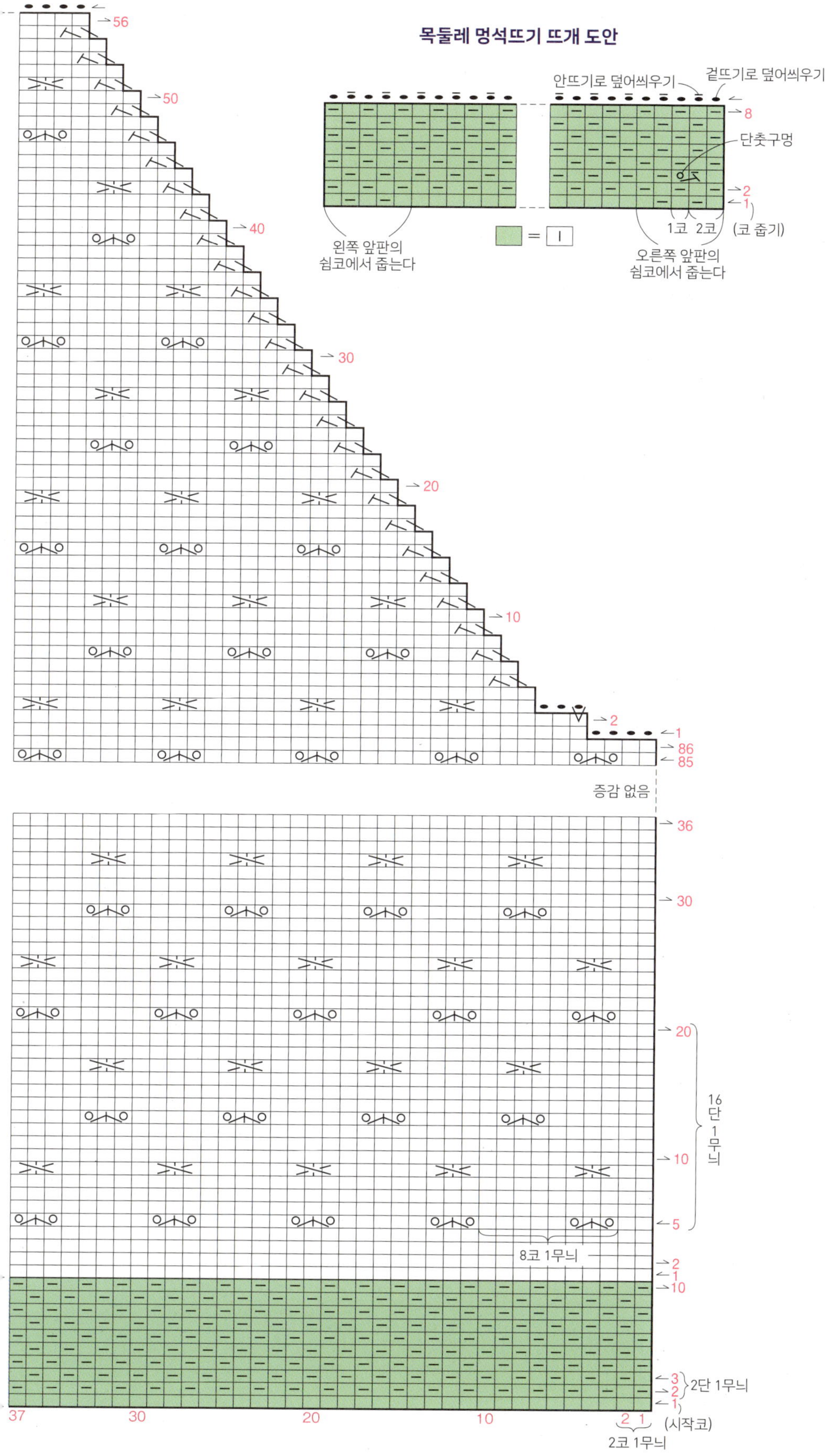

목둘레 멍석뜨기 뜨개 도안

안뜨기로 덮어씌우기　겉뜨기로 덮어씌우기

단춧구멍

왼쪽 앞판의 쉼코에서 줍는다　오른쪽 앞판의 쉼코에서 줍는다

1코　2코　(코 줍기)

■ = I

증감 없음

16단 1무늬

8코 1무늬

2단 1무늬

(시작코)

2코 1무늬

뜨는 방법 (몸판 무늬뜨기)

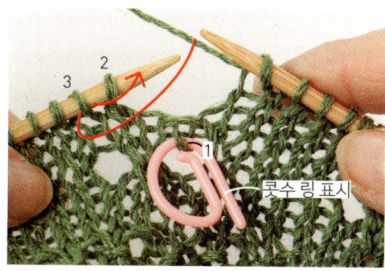

❶ 1의 코를 콧수 표시 링으로 옮기고, 2의 코 앞쪽에서 3의 코에 바늘을 넣어 겉뜨기를 한다.

❷ 3의 코는 왼쪽 바늘에서 빼지 않고 그대로 두고, 3의 코 뒤쪽에서 2의 코에 바늘을 넣어 겉뜨기를 한다.

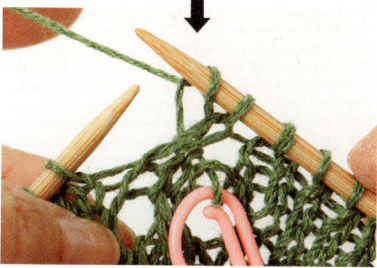

❸ 왼쪽 바늘에서 2, 3의 코를 뺀다.

❹ 콧수 표시 링으로 옮긴 1의 코를 겉뜨기한다.(왼쪽 바늘로 옮기지 않고 그대로 오른쪽 바늘을 넣어서 뜬다.) 기호의 무늬를 뜬 모습.

89

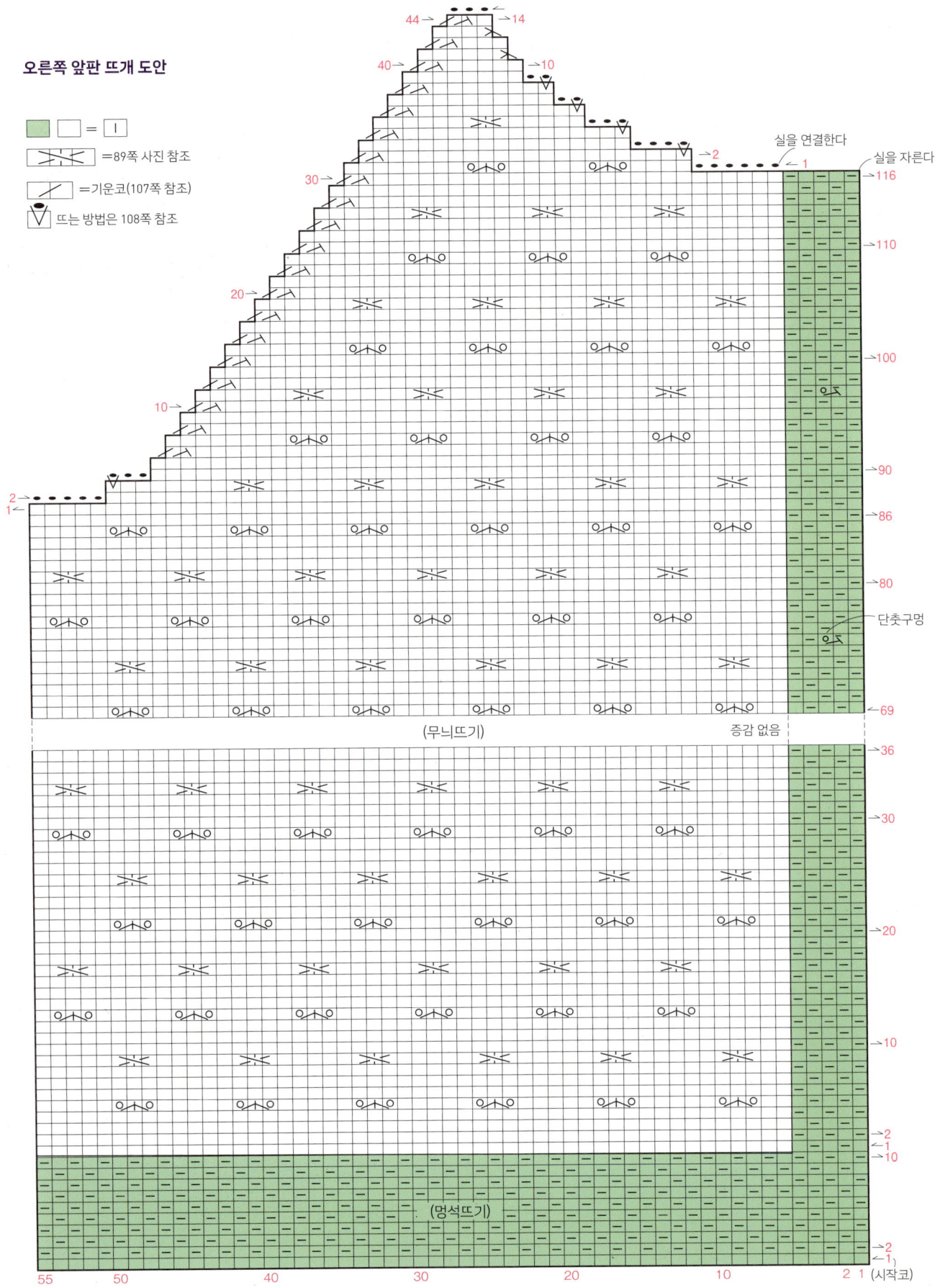

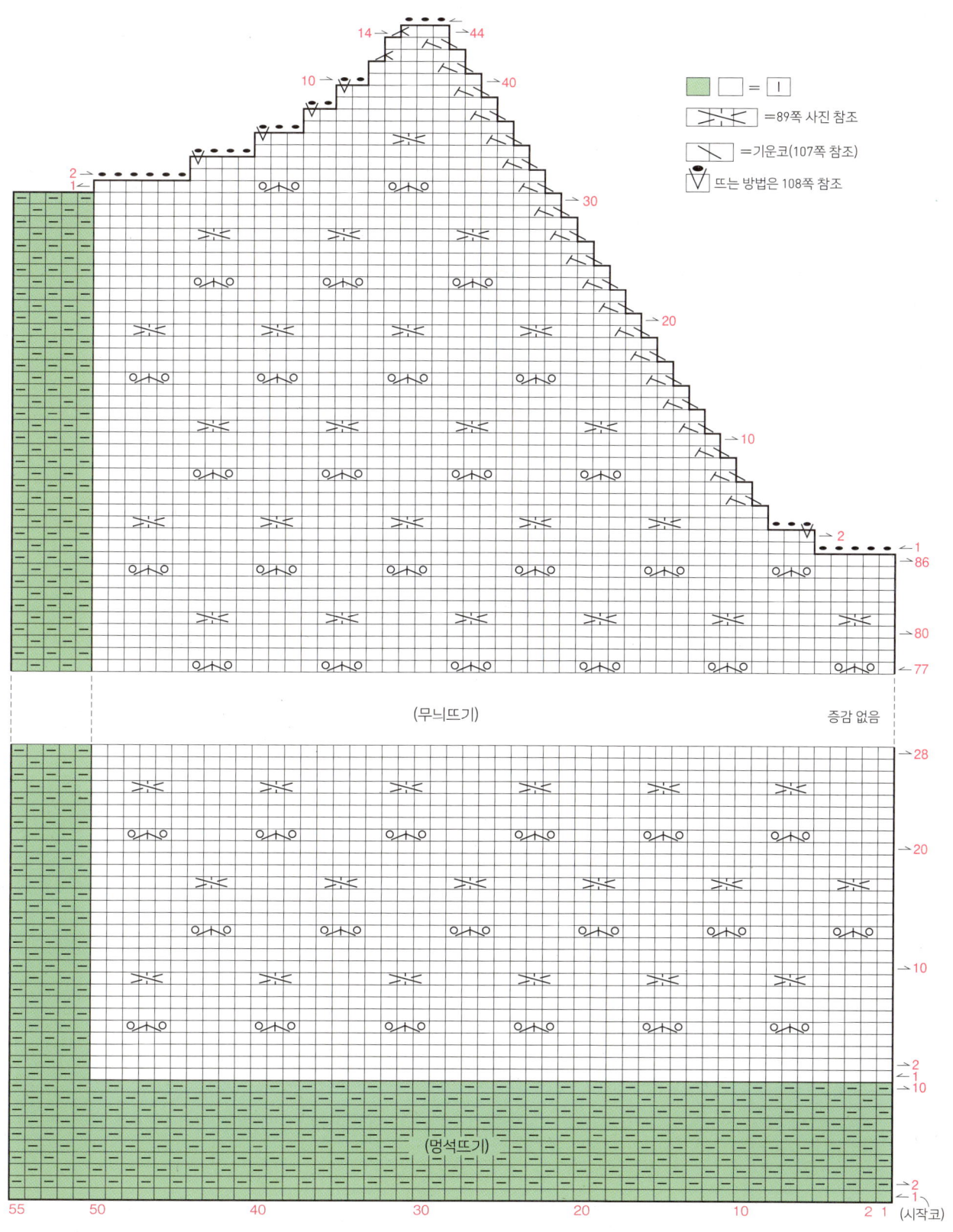

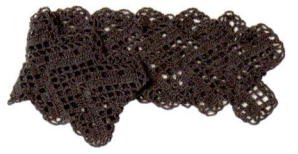

(33쪽) 모눈뜨기 미니 스톨

※무늬뜨기의 실물 크기는 39쪽

완성 치수 ◦ 폭(최대) 17cm, 길이 약 124cm

실 ◦ 하마나카 플랙스 K 100 남색(66) 100g

바늘 ◦ 코바늘 5호

게이지 ◦ 무늬뜨기 25코＝10cm,
중앙 1코의 5단 분량 높이＝약 9cm

뜨는 방법 ◦ 실은 1가닥으로 뜨고, 전부 5호 코바늘로 뜬다.

1 사슬뜨기로 시작코를 27코 만들고, 무늬뜨기로 뜨개 도안대로 64단을 뜬다.

2 실을 계속 이어서 테두리에 가장자리뜨기(사슬뜨기의 콧수에 주의)를 한다.

치수 도안

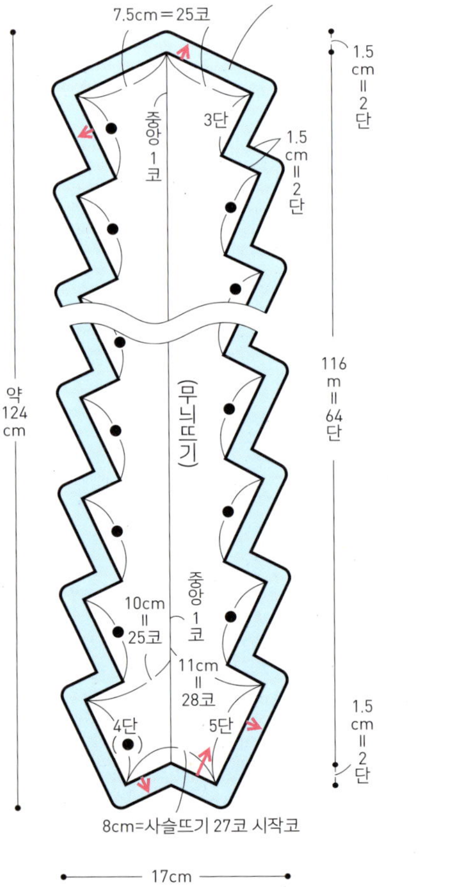

뜨개 도안

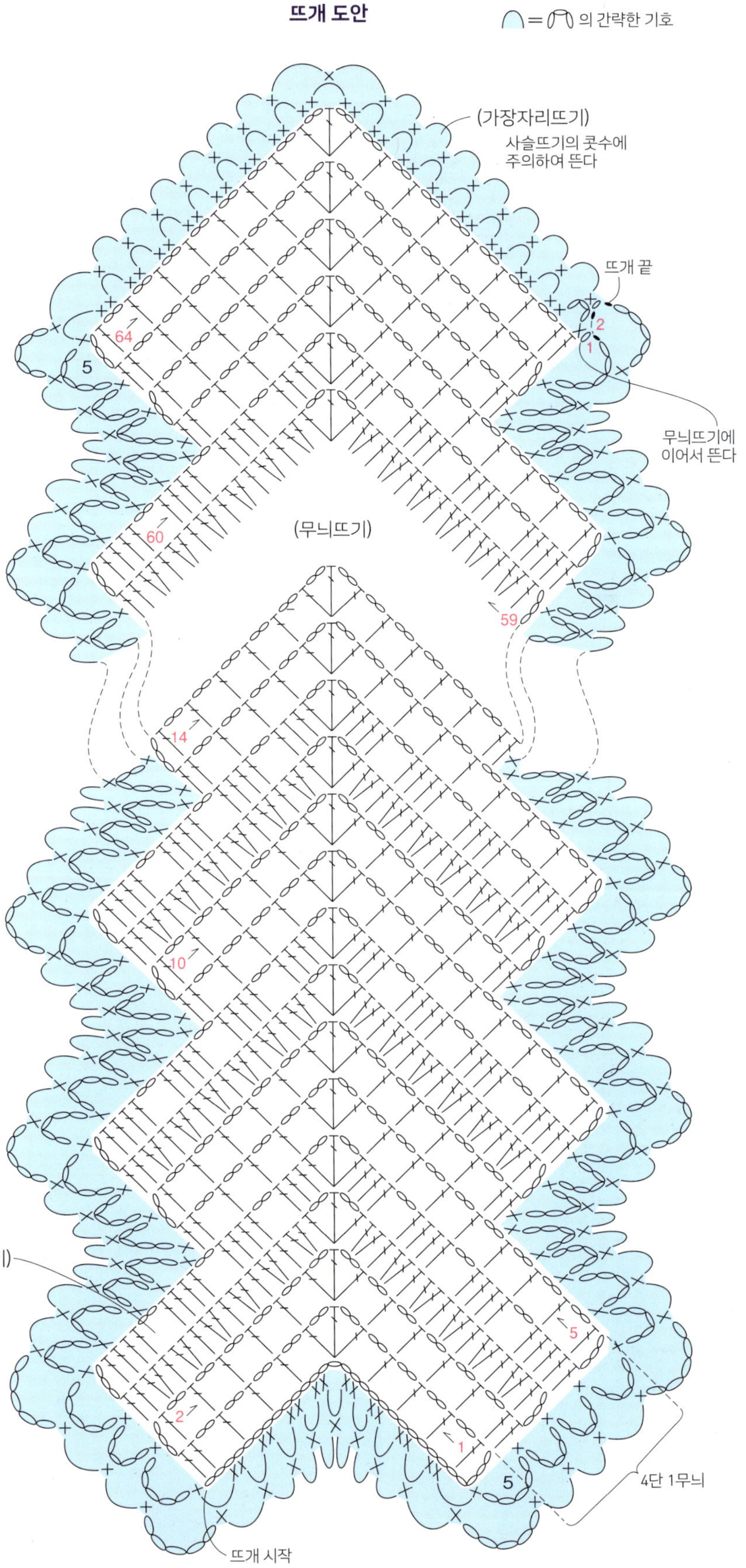

28.29쪽 모눈뜨기 카디건

※모눈뜨기의 실물 크기는 39쪽

완성 치수 가슴둘레 108.5cm, 길이 49cm,
등솔기~소매 끝 길이 41.5cm
실 하마나카 플랙스 Ly 블루(805) 290g
바늘 코바늘 4호
기타 지름 1.3cm 단추 4개
게이지 모눈뜨기(10×10cm) 9칸 10.5단

뜨는 방법…실은 1가닥으로 뜨고, 전부 4호 코바늘로 뜬다.
1 앞뒤판은 사슬뜨기로 시작코를 만들고, 모눈뜨기로 94쪽~97쪽의 뜨개 도안대로 뜬다.
2 어깨는 돗바늘을 이용해 한 코 감아 잇기를 하고, 몸판 옆선은 코바늘을 이용해 사슬뜨기로 꿰매 잇는다.
3 밑단은 앞뒤판을 이어서 짧은뜨기를 4단 뜬다.
4 앞판의 가장자리부터 목둘레에 단춧구멍을 만들면서 짧은뜨기를 4단 뜬다.(뜨개 도안은 94쪽.)
5 소맷부리에 짧은뜨기를 원형으로 3단을 뜨고, 단추를 단다.

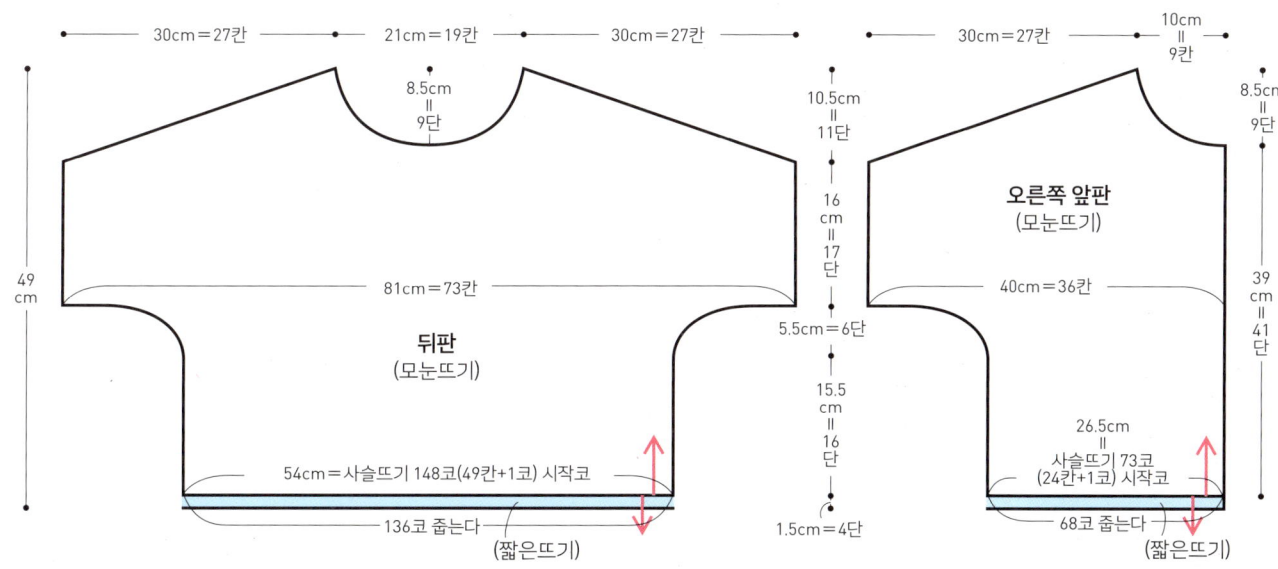

치수 도안
※왼쪽 앞판은 오른쪽 앞판과 대칭으로 뜬다

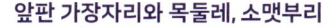

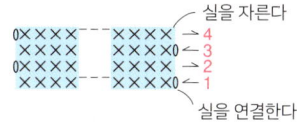

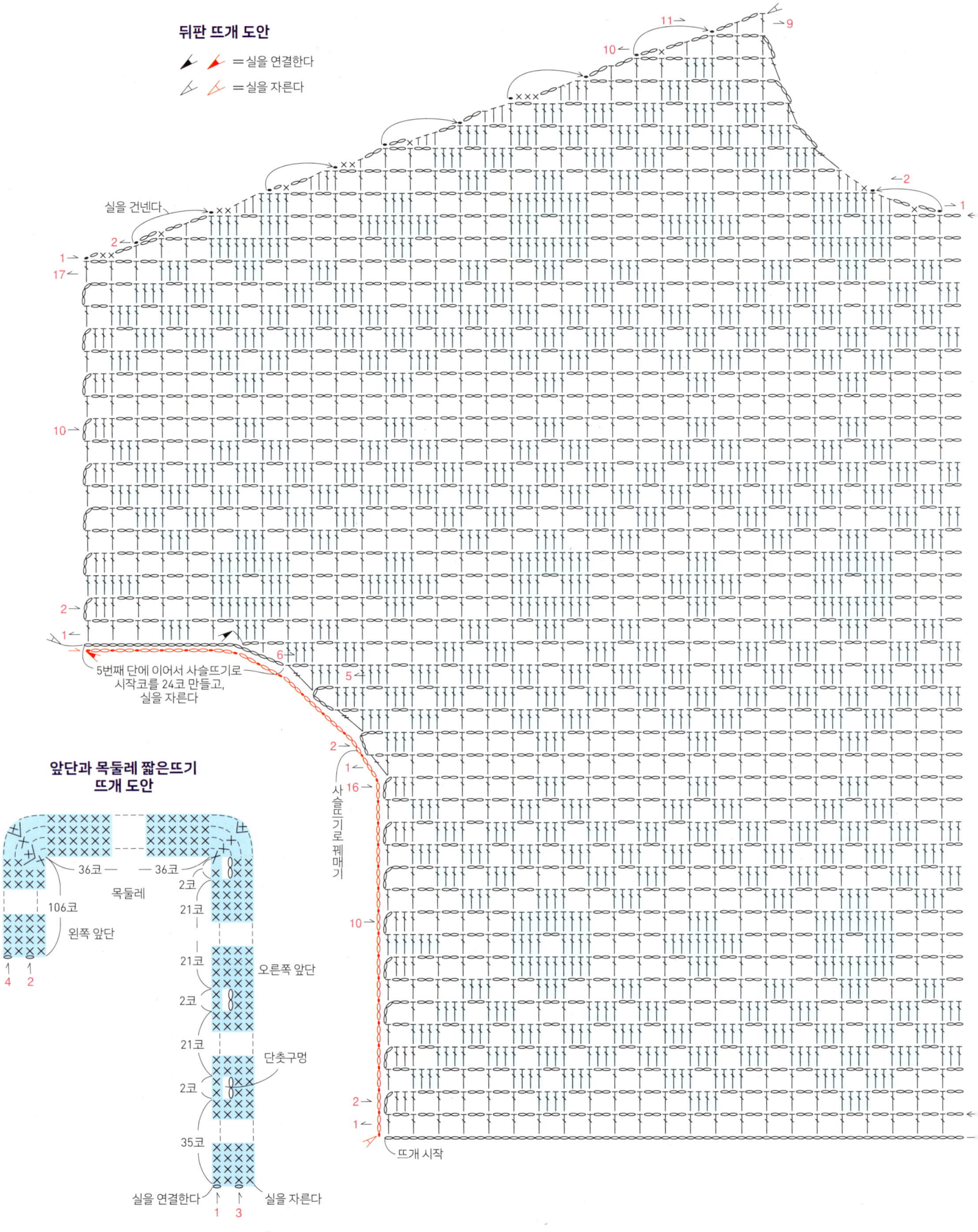

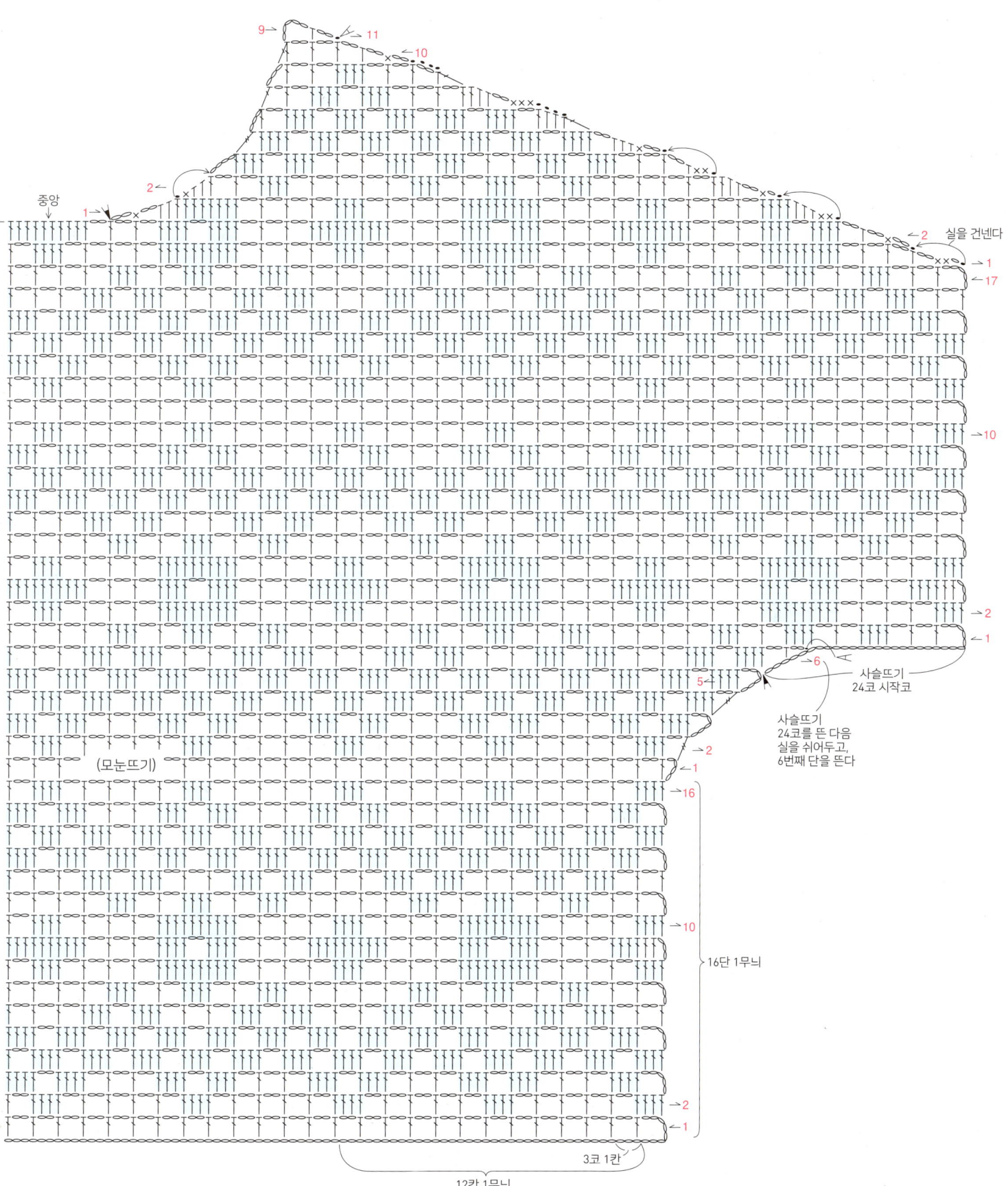

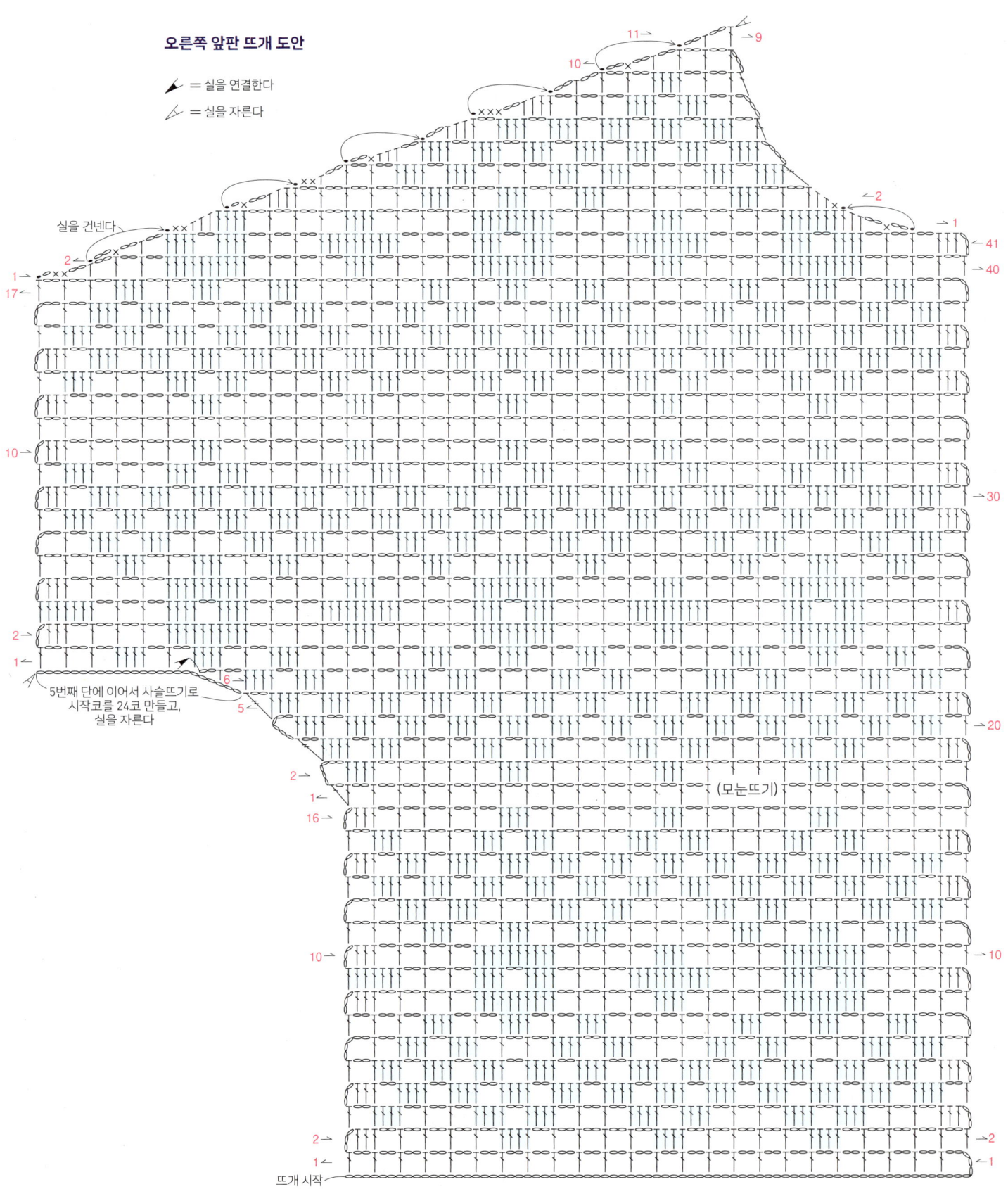

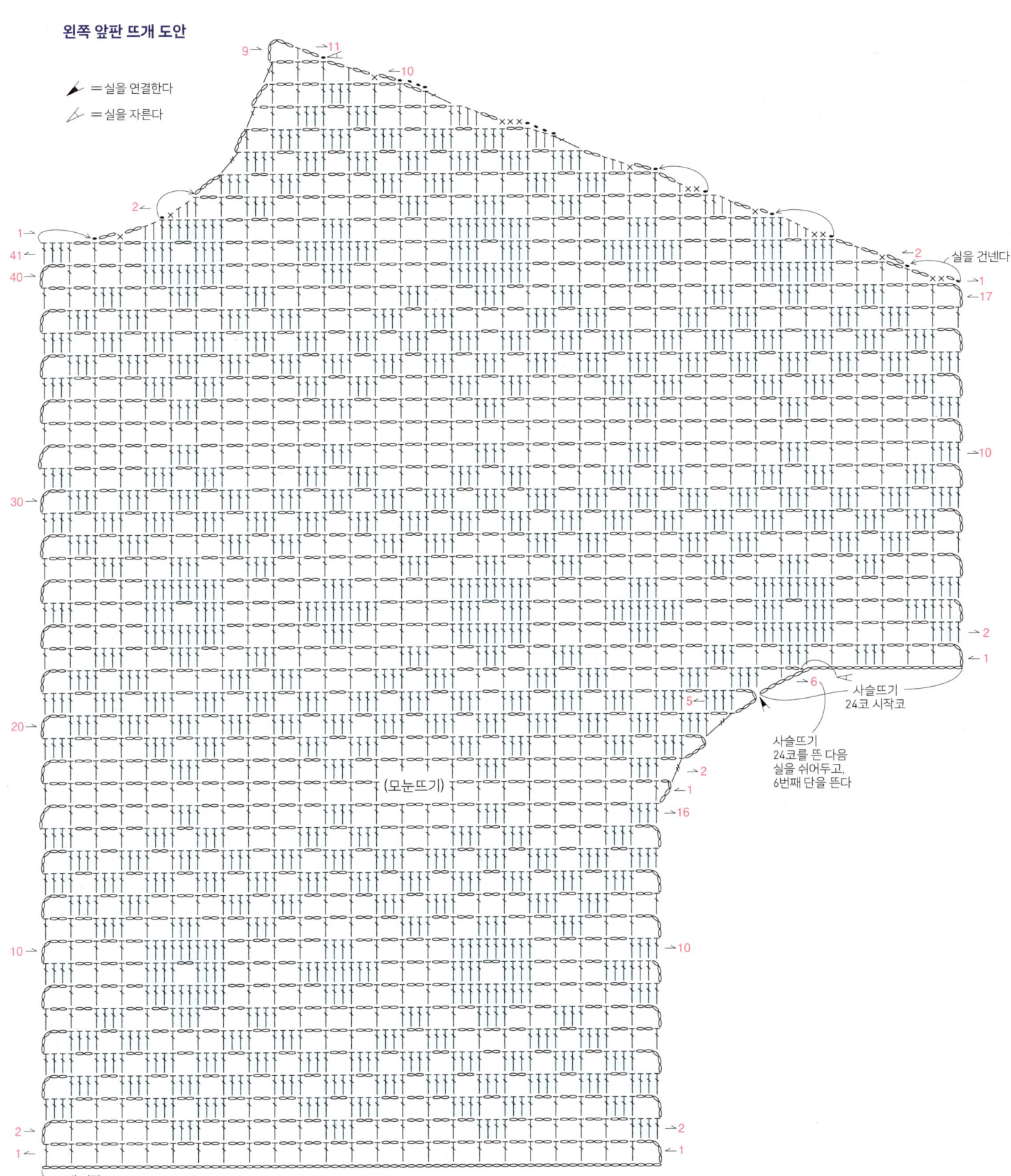

34쪽 비침 무늬 풀오버

※메리야스뜨기의 실물 크기는 39쪽

완성 치수 ◦ 가슴둘레 97cm, 길이 51cm,
  등솔기~소매 끝 길이 약 42cm
실 ◦ 하마나카 플랙스 K 100
  블루 그린(263) 300g
바늘 ◦ 대바늘 3.9mm, 3.6mm
  코바늘 5호(풀어내는 시작코용)
게이지 ◦ 메리야스뜨기, 무늬뜨기(10×10cm) 22코 28단

뜨는 방법 ◦ 실은 1가닥으로 뜨고, 지정한 바늘로 뜬다.
1 앞뒤판, 소매는 풀어내는 시작코를 만들어 앞뒤판은 메리야스뜨기, 소매는 무늬뜨기로 99쪽~101쪽의 뜨개 도안대로 뜨고, 뜨개 끝은 덮어씌우기를 한다.
2 밑단과 소맷부리는 시작코를 풀어내어 코를 주워 돌려 1코 고무뜨기를 뜨고, 뜨개 끝은 덮어씌우기를 한다.
3 108쪽의 래글런 소매 꿰매는 방법을 참조하여 래글런 선을 꿰매고, 목둘레에서 코를 주워 안메리야스뜨기와 돌려 1코 고무뜨기를 원형으로 뜬 다음 뜨개 끝은 덮어씌우기를 한다.(뜨개 도안은 100쪽.)
4 몸판 옆 선과 소매 밑 선은 돗바늘을 이용해 떠서 꿰매기로 잇는다.

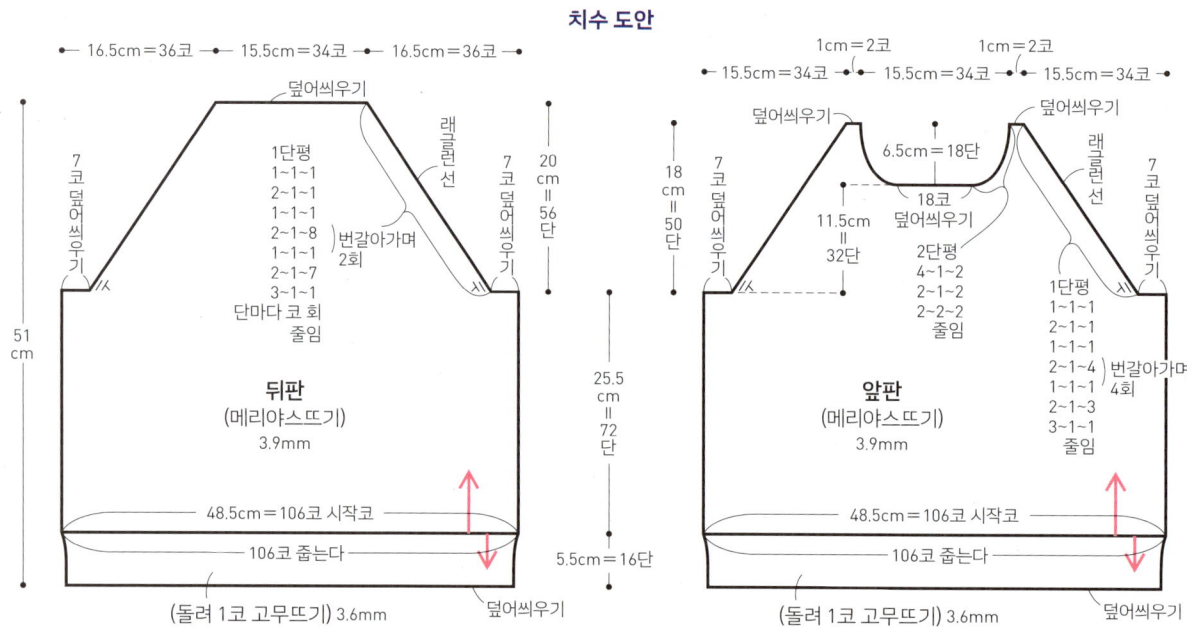

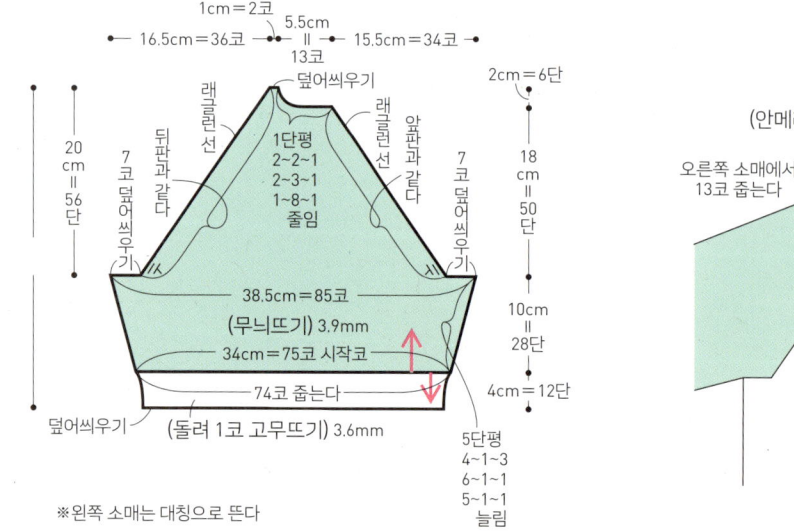

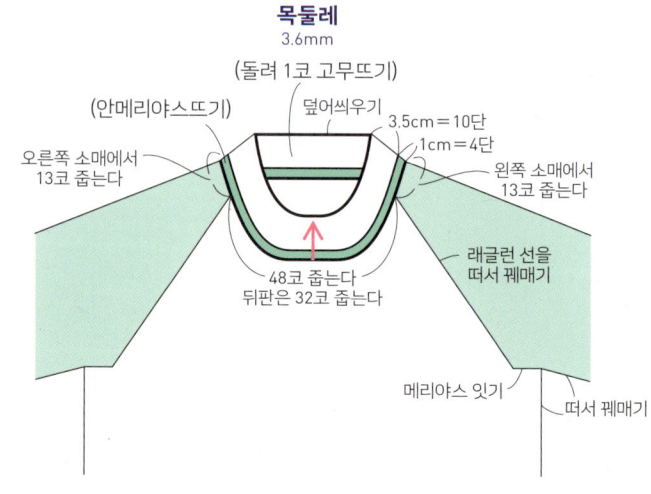

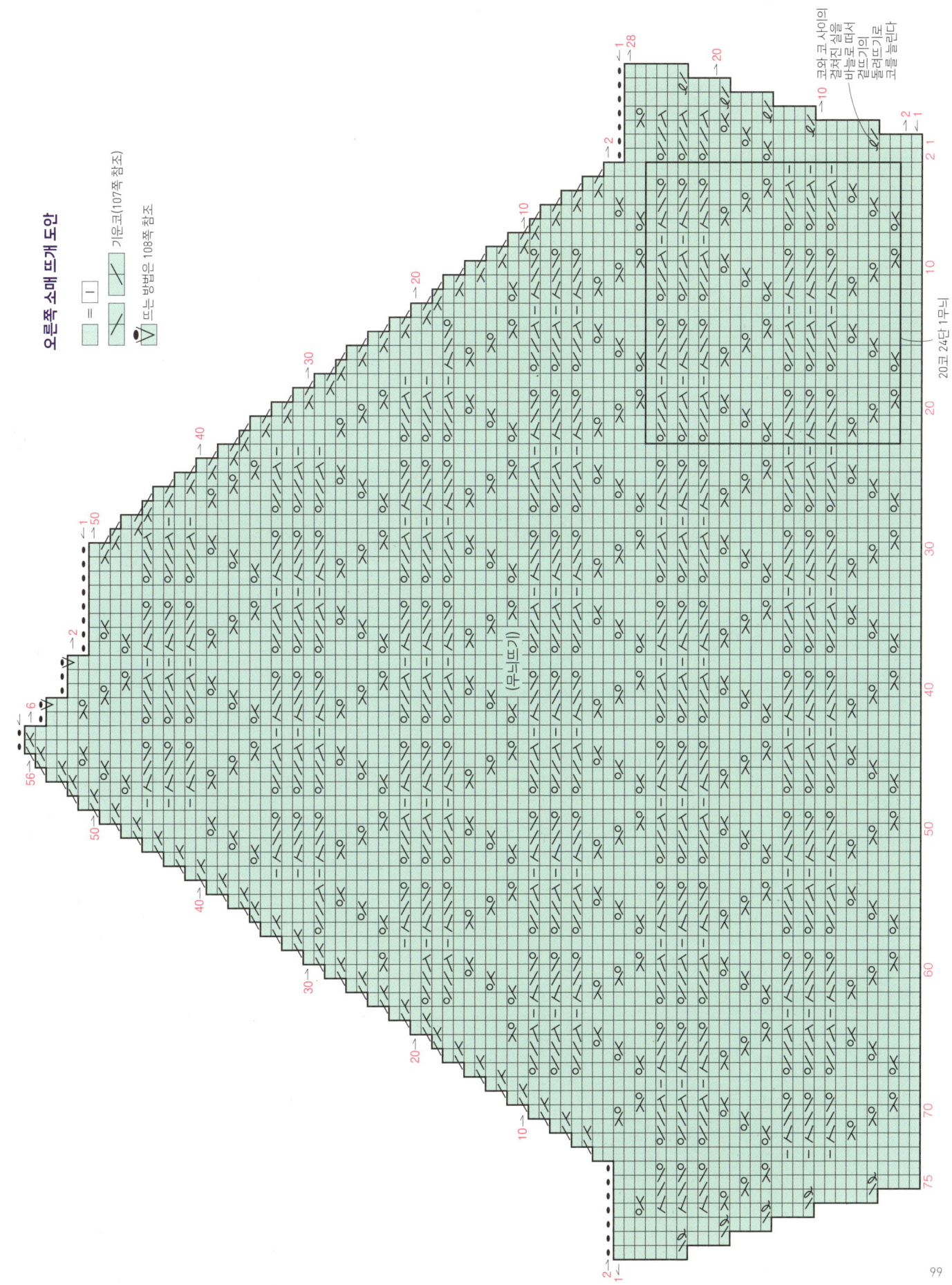

뒤판 래글런 선 뜨개 도안

□ = │

기운코(107쪽 참조)

(메리야스뜨기)

→56
→50
→40
→30
→20

2→
1→

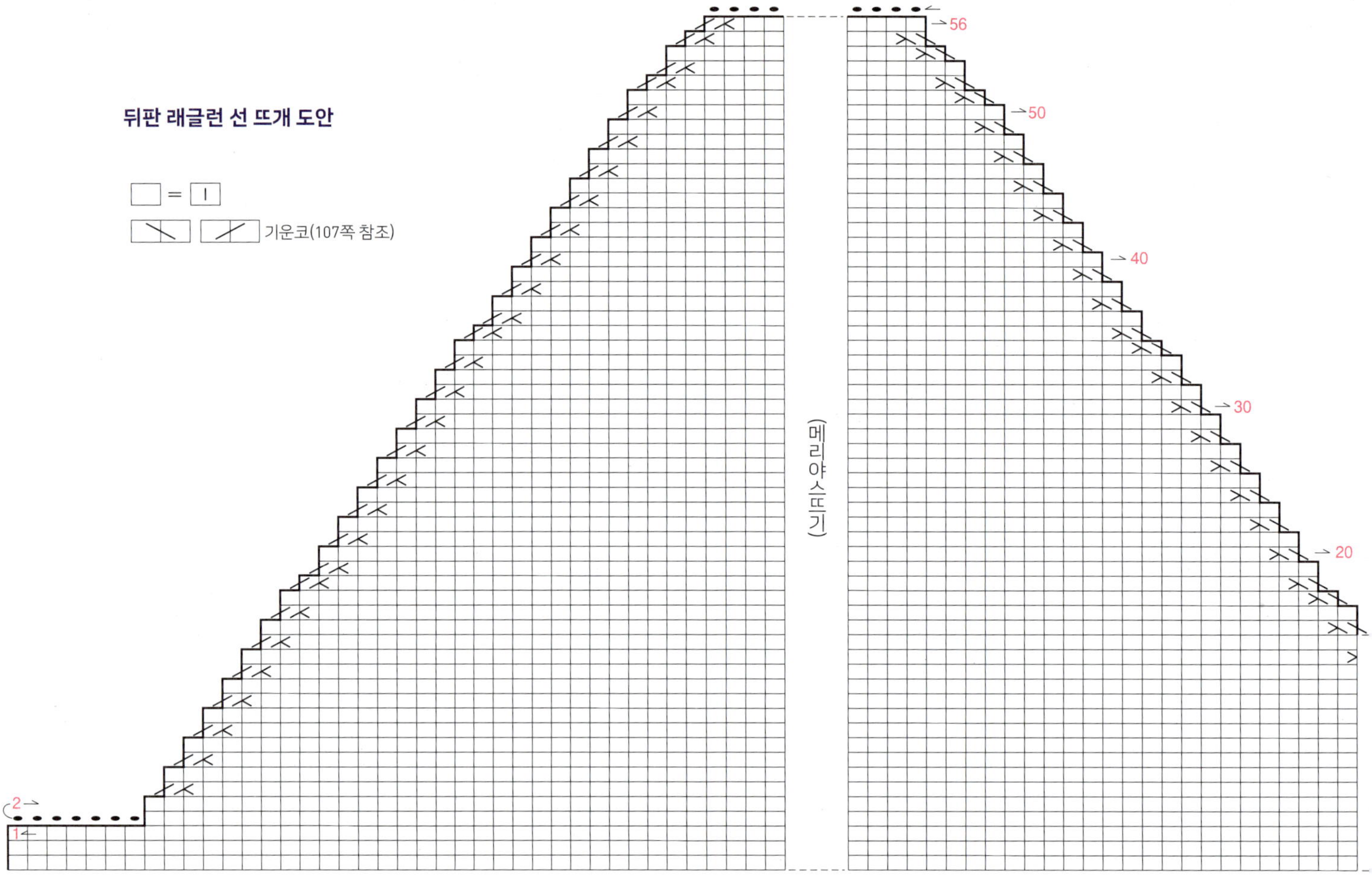

앞판 래글런 선과 목둘레 뜨개 도안

□ = │

기운코(107쪽 참조)

뜨는 방법은 108쪽 참조

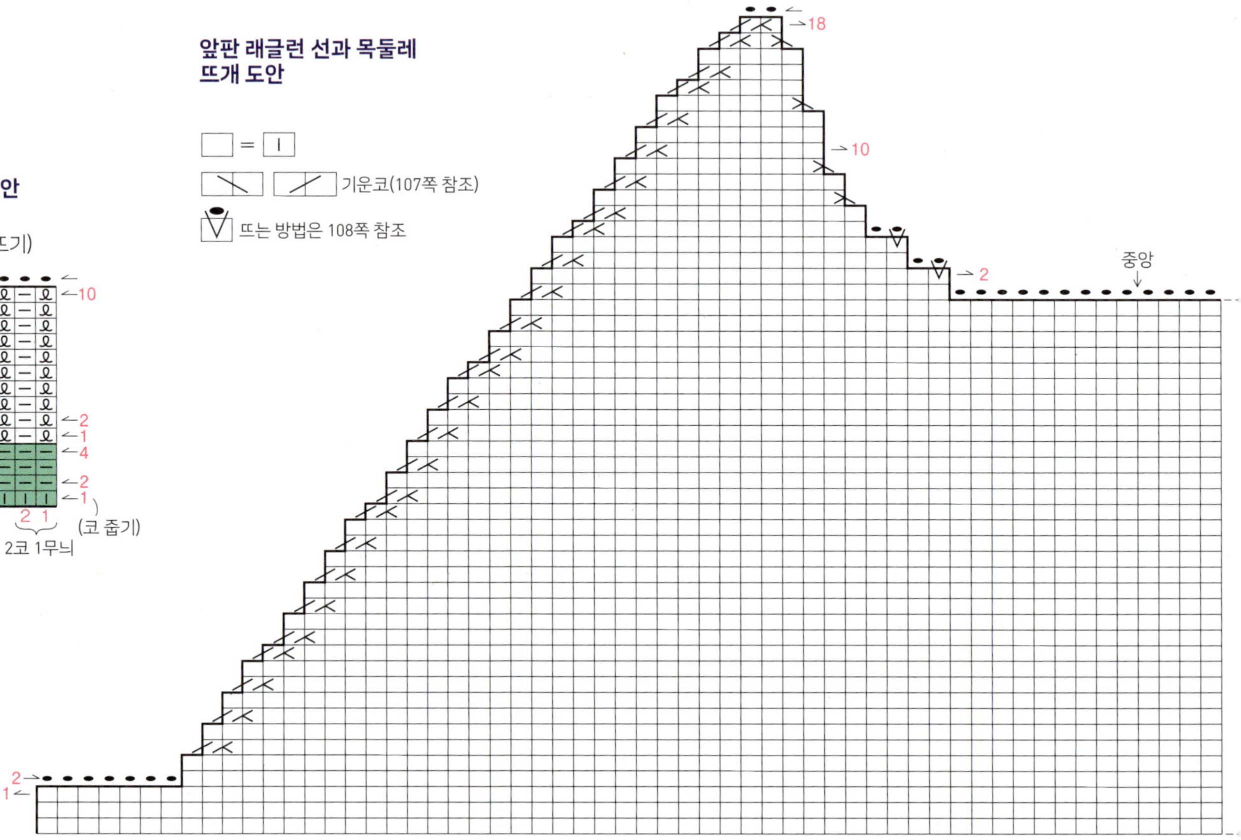

→18
→10
→2
중앙

2→
1→

목둘레 뜨개 도안

(돌려 1코 고무뜨기)

→10
→2
→1
→4
→2
→1

(안메리야스뜨기) 2 1 (코 줍기)
2코 1무늬

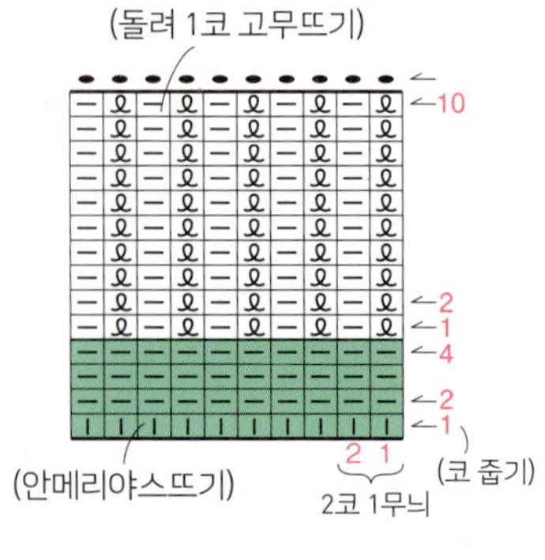

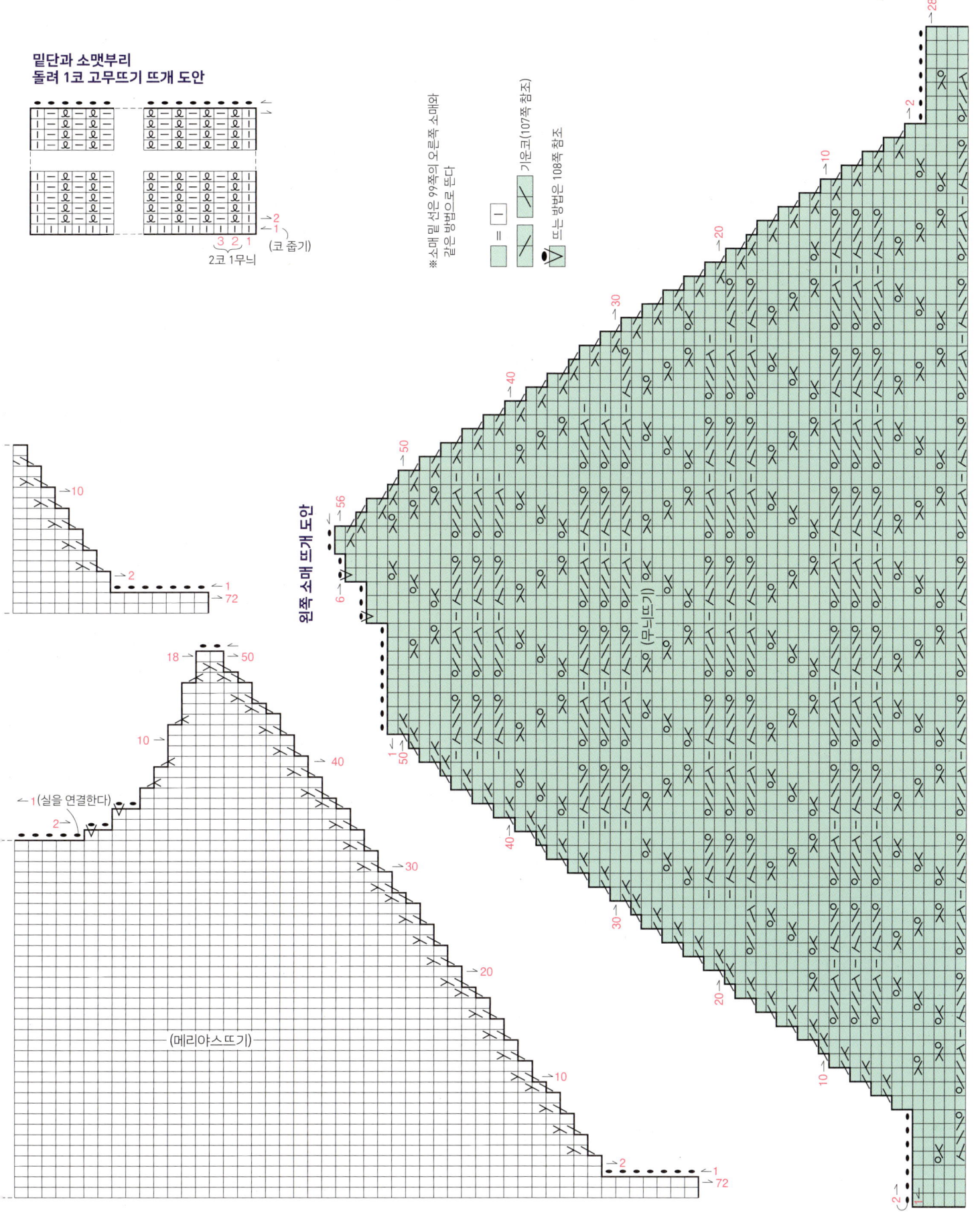

35쪽 프레임을 감싸 뜨는 똑딱이 파우치

 a b c
 d e f

※ 무늬뜨기의 실물 크기는 39쪽
※ 이 작품은 권장 바늘보다 굵은 바늘을 사용해 떴습니다

완성 치수 ◦ 깊이 11cm

실(파우치 1개 분량) ◦ 하마나카 플랙스 Ly 25g
 a 흰색(801), b 베이지(802),
 c 노란색(803), d 연청색(804),
 e 블루(805), f 진남색(806)

바늘 ◦ 코바늘 5호

기타(파우치 1개 분량) ◦ 프레임 1개
 a, e, f 은색(H207-018-2)
 b, c, d 앤티크(H207-018-4)

게이지 ◦ 무늬뜨기 27.5코=10cm, 1무늬(6단)=2.5cm

뜨는 방법 ◦ 실은 1가닥으로 뜨고, 전부 5호 코바늘로 뜬다.

1 사슬뜨기로 시작코를 72코 만들고, 프레임을 감싸며 짧은뜨기를 한다.

2 실을 계속 이어서 본체를 무늬뜨기로 103쪽의 뜨개 도안, 104쪽의 뜨는 방법대로 뜬다.

3 26코씩 남은 코를 돗바늘을 이용해 한 코 감아 잇기로 연결한다.

치수 도안과 뜨는 순서 — 1~3의 순서로 만든다

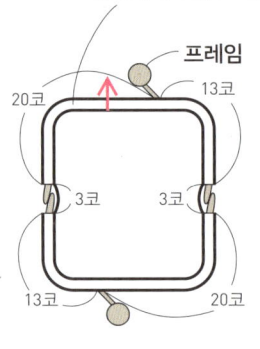
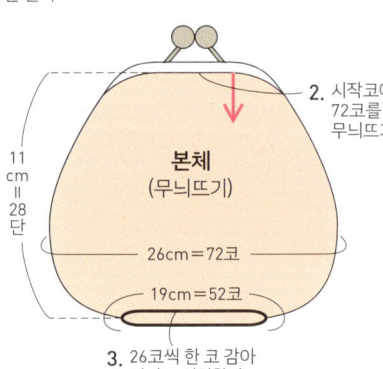

프레임을 감싸 뜨는 방법
(①~④는 103쪽, ⑤는 104쪽 사진 참조)

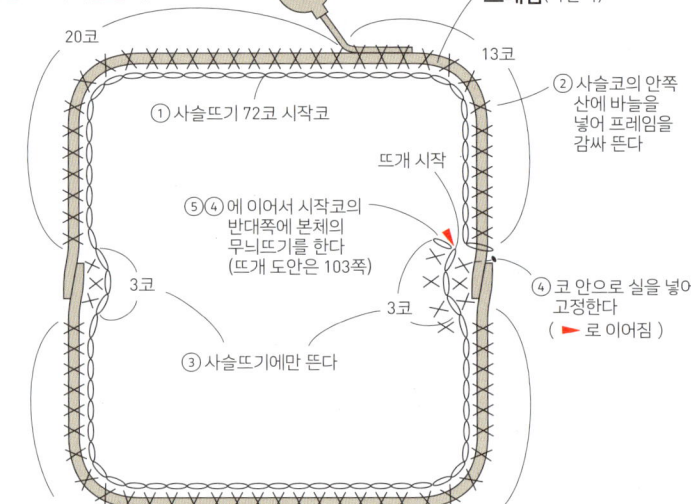

감싸 뜨는 프레임에 대해서
크기는 가로 약 7.5cm×세로 약 4.5cm, 색은 사진의 왼쪽부터 앤티크, 금색, 은색의 3가지 색상

프레임은 평평하게 벌린다. 프레임의 바깥쪽을 보면서 뜨므로 주의하여 떠 나간다.

똑딱이 파우치의 모양

그대로 사용한다

바닥 이외에는 증감 없이 원통형으로 떠서 프레임을 벌리면 물건을 넣고 빼기 쉽고, 프레임이 있는 부분까지 가득 넣을 수 있다.

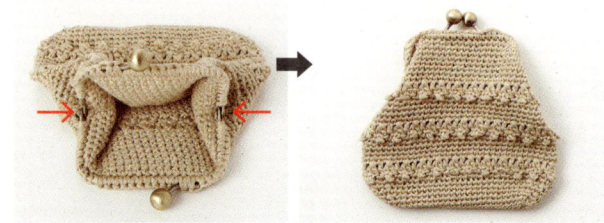

모양을 바꿔서 사용한다

프레임의 모양을 돋보이게 하고 싶을 때는 경첩 쪽의(열리고 닫히는 아래쪽 부분) 편물을 안쪽으로 밀어 넣고 프레임을 닫는다.

본체 뜨개 도안 (104쪽 사진 참조)

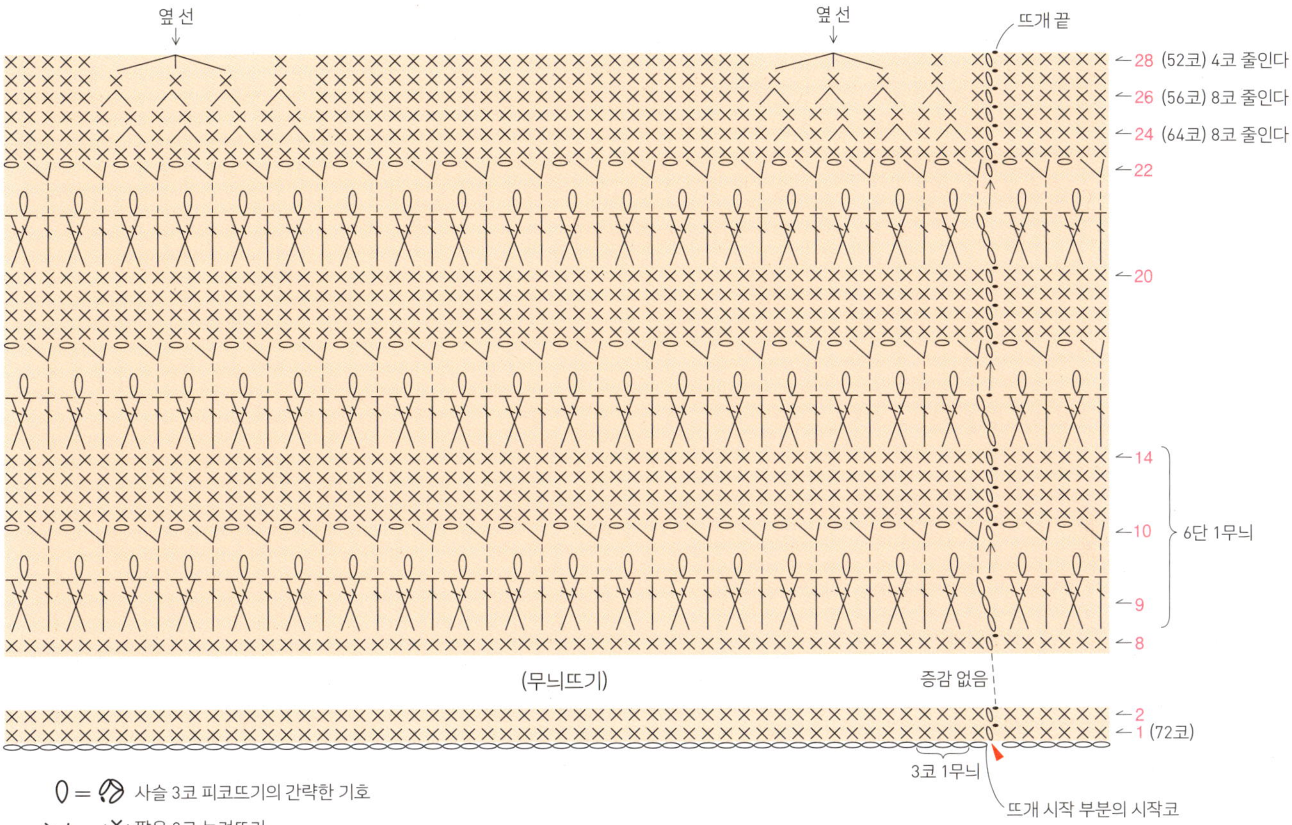

옆선 · 옆선 · 뜨개 끝

- ← 28 (52코) 4코 줄인다
- ← 26 (56코) 8코 줄인다
- ← 24 (64코) 8코 줄인다
- ← 22
- ← 20
- ← 14 ⎫
- ← 10 ⎬ 6단 1무늬
- ← 9 ⎪
- ← 8 ⎭
- ← 2
- ← 1 (72코)

(무늬뜨기) 증감 없음

3코 1무늬 뜨개 시작 부분의 시작코

- ○ = 🔵 사슬 3코 피코뜨기의 간략한 기호
- ∨ = 짧은 2코 늘려뜨기
- ∧ = 짧은 2코 모아뜨기
- ⋀ = 짧은 3코 모아뜨기
- ▼ = 프레임을 감싸 뜬 부분에 이어서 뜬다

프레임을 감싸 뜨는 방법
※알아보기 쉽도록 프레임을 감싸 뜨는 실과 무늬뜨기(104쪽 사진)의 실은 다른 색 실을 사용했습니다.

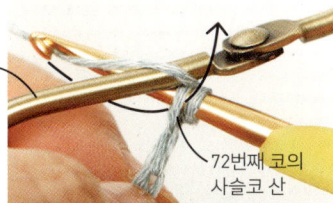

❶ 시작코로 사슬뜨기 72코를 느슨하게 뜨고(사슬코 산을 줍기 쉽게 뜬다), 첫째 단의 기둥코로 사슬뜨기를 한다. 72번째 코의 사슬코 산과 프레임의 바깥쪽에서 바늘을 넣고 실을 걸어 끌어낸다.

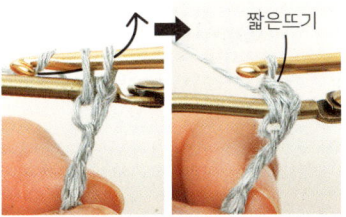

❷ 바늘에 실을 걸어 한 번에 빼낸다. 짧은뜨기를 한 모습.

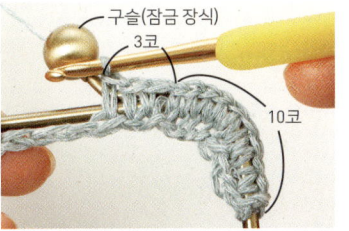

❸ 같은 방법으로 짧은뜨기 10코를 모두 뜬 다음 구슬(잠금 장식)이 있는 방향으로 짧은뜨기를 3코 더 뜬다.

❹ 뜨던 실을 구슬 뒤쪽으로 걸쳐서 짧은뜨기를 1코 뜬다.

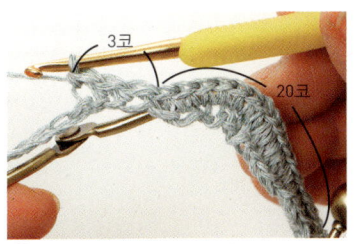

❺ 구슬 왼쪽으로 짧은뜨기 20코를 모두 뜬 다음 프레임 앞쪽에서 시작코에만 짧은뜨기를 3코 뜬다. 반을 뜬 모습.

❻ ❶(기둥코인 사슬뜨기 제외)~❺를 반복하여 뜨고, 단의 마지막은 첫 부분의 짧은뜨기 머리에 빼뜨기를 하고, 바늘의 코를 벌려서 실타래를 통과시킨 다음 잡아당겨 조인다.

무늬뜨기 뜨는 방법 (35쪽 프레임을 감싸 뜨는 똑딱이 파우치 본체)

❶ 첫째 단. 프레임의 방향을 바꿔서(시작코인 사슬뜨기가 위, 짧은뜨기가 아래) 사슬뜨기의 코(실 2가닥)에 바늘을 넣고, 103쪽의 '프레임을 감싸 뜨는 방법의 ❻'에서 잡아당겨 조인 실을 바늘에 걸어 끌어낸다.

❷ 기둥코로 사슬뜨기를 1코 뜨고, ❶과 같은 코에 짧은뜨기를 한다.

❸ 그 다음부터는 시작코인 사슬뜨기 1코에 1코씩 짧은뜨기를 한다.

❹ 짧은뜨기 72코를 모두 뜨고, 단의 마지막은 첫 부분의 짧은뜨기 머리에 빼뜨기를 한다.

❺ 둘째 단 이후는 103쪽의 본체 뜨개 도안을 참조하여 전부 28단을 뜬다. 단마다 편물의 겉쪽을 보면서 뜨므로 기둥코의 위치는 자연스럽게 사선으로 기운다.

소매 뜨는 방법 (4, 5쪽 소매 트림 풀오버)   ※알아보기 쉽도록 다른 색 실을 사용했습니다

오른쪽 소매

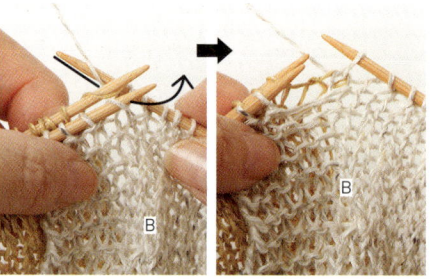

❶ 41쪽의 소매 뜨개 도안을 참조하여 소매A를 뜬다. 뜨개 끝부분의 실은 10cm 정도 남겨놓고 자르고, 코를 쉬어둔다. 같은 방법으로 B를 뜨고, 실을 자르지 않고 그대로 둔다.

❷ 소매A의 쉬어둔 코를 사용하지 않은 바늘로 옮긴다(바늘의 방향에 주의). 소매C를 뜬다. 첫째 단은 소매B에 이어서 가터뜨기의 바로 전까지 겉뜨기를 하고, B의 뒤에 A의 가터뜨기를 겹쳐서 2장을 같이 잡는다.

❸ B의 1코(가터뜨기의 첫째 코)와 A의 1코(오른쪽 가장자리 가터뜨기의 첫째 코)에 오른쪽 바늘을 넣어 겉뜨기를 한다.

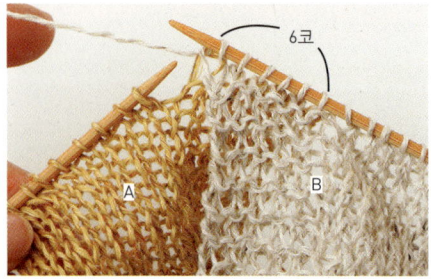
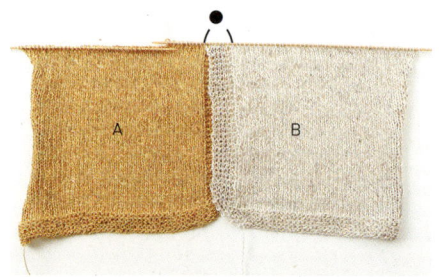

왼쪽 소매

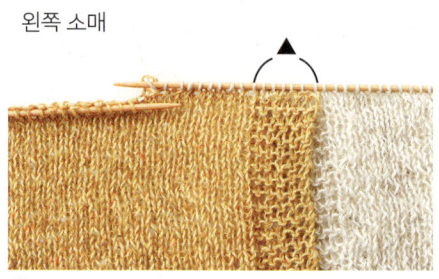

❹ 같은 방법으로 B와 A의 1코씩 겉뜨기를 한다.

❺ A, B의 가터뜨기 6코를 겹쳐 뜬 모습(B의 ●가 위가 된다). A의 메리야스뜨기 부분은 겉뜨기를 하고, 지정한 단수를 뜬다.

❻ 오른쪽 소매의 ❶과 같은 방법으로 뜨고, ❷에서 B의 앞쪽에 A를 겹쳐서 같은 방법으로 뜬다.(A의 ▲가 위가 된다.)

프릴을 겹쳐서 몸판을 뜬다 (6, 7쪽 이중 스캘럽 니트. 무늬뜨기B의 13번째 단)

※알아보기 쉽도록 콧수를 줄이고, 다른 색 실을 사용했습니다

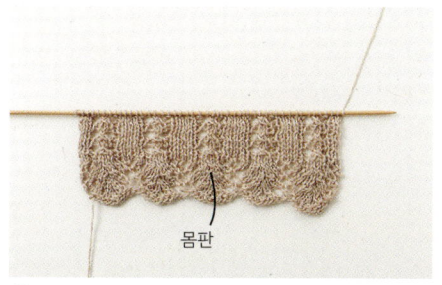

❶ 43쪽의 뜨개 도안대로 몸판은 막힘 3.6mm 대바늘로 무늬뜨기B의 12번째 단까지 뜨고, 실을 쉬어둔다.

❷ 프릴은 다른 3.6mm 대바늘로 무늬뜨기A 12단, B 4단을 뜬다.

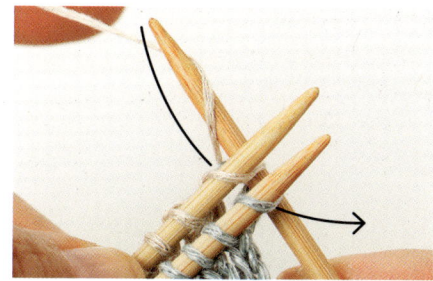

❸ 몸판 앞쪽에 프릴을 겹쳐서 2장을 같이 잡고, 몸판의 13번째 단을 뜬다. 2장의 1코씩 앞쪽에서(프릴, 몸판의 순서) 오른쪽 바늘을 넣어 겉뜨기를 한다.

❹ 겉뜨기를 하여 2장의 첫째 코가 겹쳐졌다.

❺ 같은 방법으로 겉뜨기를 전부 3코를 뜨고, 다음은 안뜨기이므로 편물의 뒤쪽에서(몸판, 프릴의 순서) 오른쪽 바늘을 넣어 안뜨기를 한다.

❻ 안뜨기를 하여 전부 4코를 겹쳐 뜬 모습.

❼ 무늬에 맞춰 겉뜨기, 안뜨기로 2장을 겹쳐 뜬다.

❽ 13번째 단을 떠서 2장이 겹쳐진 모습.

뜨는 방법 (24쪽 비침 무늬 튜닉 앞뒤판의 무늬뜨기A, C)

※알아보기 쉽도록 다른 색실을 사용했습니다

❶ 오른쪽 바늘을 3의 코에 넣어서 1, 2의 코를 덮어씌운다.

❷ 3의 코는 오른쪽 바늘에서 뺀다.

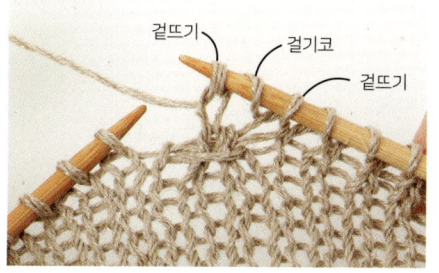

❸ 1의 코를 겉뜨기하고, 걸기코를 한 다음 2의 코를 겉뜨기한다. 기호의 무늬를 뜬 모습.

대바늘뜨기 기초

《치수 도안 숫자 보는 법》

대바늘뜨기의 치수 도안에는 아래의 도안처럼 진동둘레나 목둘레에 줄임코의 숫자가 적혀 있습니다. 숫자의 의미는 아래와 같습니다.

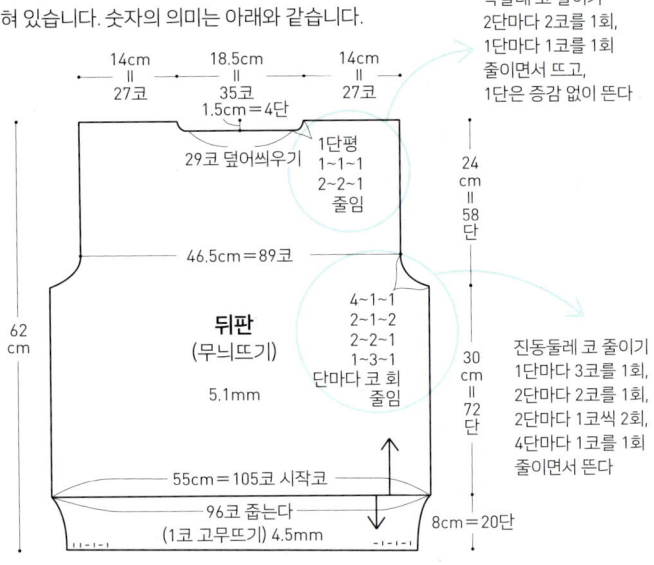

목둘레 코 줄이기
2단마다 2코를 1회,
1단마다 1코를 1회
줄이면서 뜨고,
1단은 증감 없이 뜬다

진동둘레 코 줄이기
1단마다 3코를 1회,
2단마다 2코를 1회,
2단마다 1코씩 2회,
4단마다 1코를 1회
줄이면서 뜬다

《뜨개 도안 보는 법》

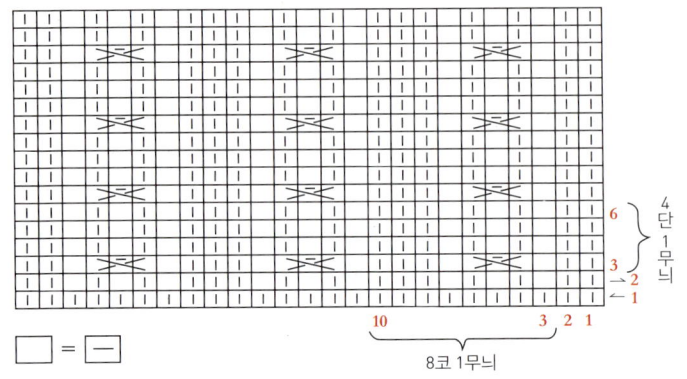

뜨개 도안은 편물을 겉쪽에서 본 모습입니다. 아래쪽의 가로 방향은 콧수, 오른쪽의 세로 방향은 단수이며, 오른쪽 아래 모서리가 첫째 단의 첫째 코가 됩니다. 첫째 단과 둘째 단의 화살표「←」는 뜨는 방향입니다. 오른쪽에서 왼쪽으로 떠나가므로 둘째 단(→)은 편물의 방향을 바꿔서 안쪽을 보면서 뜨고, 뜨개 도안은 왼쪽에서 오른쪽의 순서로 떠나갑니다.(이때 겉뜨기는 안뜨기로, 안뜨기는 겉뜨기로 뜨면 뜨개 도안대로 됩니다.)

《시작코》 일반적인 시작코

1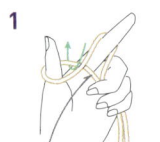
실 끝 쪽(편물 너비의 3.5배+꿰맬 길이)
실을 왼손 엄지와 검지에 걸고, 바늘을 화살표처럼 넣는다.

2
검지의 실을 바늘에 걸어 엄지 쪽의 고리 안으로 끌어낸다.

3
엄지에 걸려 있는 실을 빼낸다.

4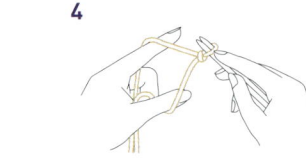
실 끝 쪽의 실을 엄지에 걸어 잡아당긴다. 이것이 1코가 된다.

5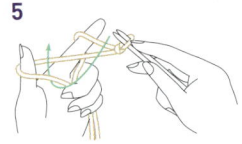
엄지에 걸려 있는 실을 화살표처럼 들어올린다.

6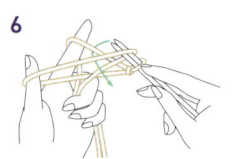
검지에 걸려 있는 실을 바늘에 걸어 엄지의 실 고리 안으로 끌어낸다.

7
엄지의 실을 빼낸다.

8
엄지에 실을 걸어 살짝 당겨 조인다. 이것이 둘째 코가 된다.
5~8을 반복하여 필요한 콧수를 만든다.

9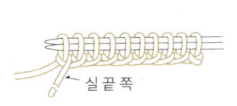
실 끝 쪽
완성. 이것을 1단으로 센다. 바늘 1개를 빼내고 빼낸 바늘로 뜬다.

풀어내는 시작코

1
실 끝 쪽
별도의 실로 필요한 콧수만큼 사슬뜨기를 하고, 사슬뜨기의 뒷산에 바늘을 넣어 실을 끌어낸다.

2
1을 반복하여 필요한 콧수만큼 줍는다.(첫째 단이 된다.)

3
첫째 단을 뜬 모습.

4
시작코인 사슬코를 풀어내면서 코를 바늘에 건다.

《코 늘리는 방법》

코와 코 사이에서 1코 늘리는 방법

코와 코 사이의 실을 꼬아서 늘린다.

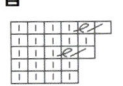

  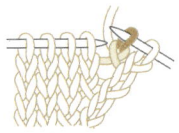

오른쪽 가장자리의 코를 겉뜨기하고, 첫째 코와 둘째 코 사이에 걸쳐진 실을 오른쪽 바늘로 끌어올려 돌려뜨기를 한다.

《뜨개 기호와 뜨는 방법》

뜨개 기호는 편물을 겉쪽에서 본 상태로 표시된 기호입니다.
예외(걸기코, 감아코)를 제외하고 한 단 아래에 그 뜨개코가 생깁니다.

겉뜨기	안뜨기	걸기코	돌려뜨기	돌려 안뜨기
│	─	○	Q	Ω

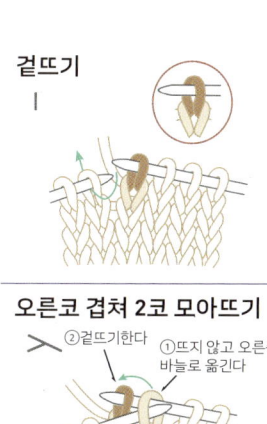 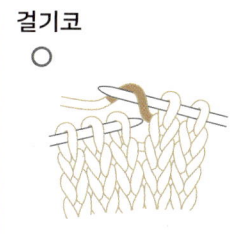 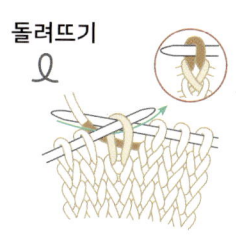 

오른코 겹쳐 2코 모아뜨기
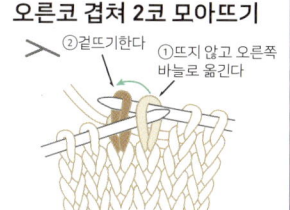
②에 ①을 덮어씌운다.

왼코 겹쳐 2코 모아뜨기
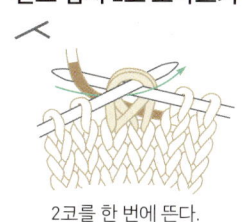
2코를 한 번에 뜬다.

오른코 겹쳐 3코 모아뜨기
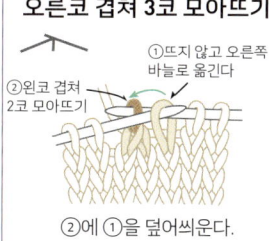
②에 ①을 덮어씌운다.

왼코 겹쳐 3코 모아뜨기
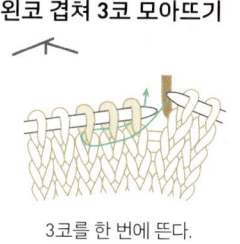
3코를 한 번에 뜬다.

중심 3코 모아뜨기
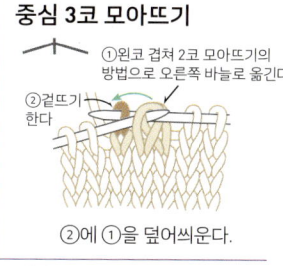
②에 ①을 덮어씌운다.

왼코 늘려뜨기
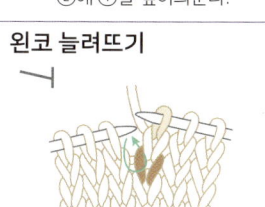
왼쪽 바늘로 2단 아래의 코를 끌어올려 겉뜨기한다.

오른코 늘려뜨기
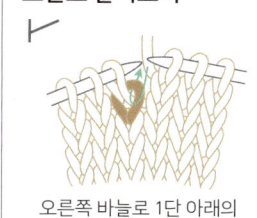
오른쪽 바늘로 1단 아래의 코를 끌어올려 겉뜨기한다.

걸러뜨기
코를 뜨지 않고 오른쪽 바늘로 옮기고 실을 뒤쪽으로 걸친다

아랫단의 코가 끌어올려진다.

3코 만들기
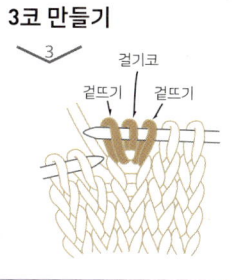

기운코
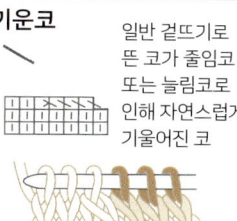
일반 겉뜨기로 뜬 코가 줄임코 또는 늘림코로 인해 자연스럽게 기울어진 코

오른코 위 2코 교차뜨기
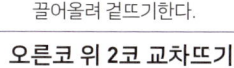
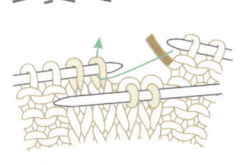 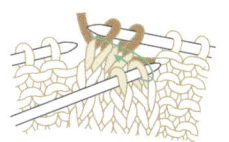
별도의 바늘에 2코를 옮겨 앞쪽에 놓고, 다음 2코를 겉뜨기한다. | 별도의 바늘에 옮긴 코를 겉뜨기한다.

왼코 위 2코 교차뜨기
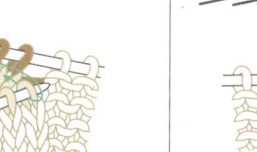 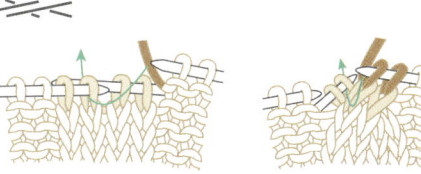
별도의 바늘에 2코를 옮겨 뒤쪽에 놓고, 다음 2코를 겉뜨기한다. | 별도의 바늘에 옮긴 코를 겉뜨기한다.

덮어씌우기

2코를 뜨고, 둘째 코에 첫째 코를 덮어씌운다. 그 다음부터는 1코를 뜨고, 오른쪽 코로 덮어씌운다.

오른코 위 2코와 1코 교차뜨기(아래쪽 안뜨기)
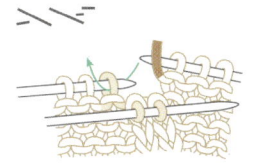 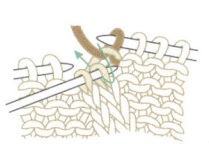
별도의 바늘에 2코를 옮겨 앞쪽에 놓고, 다음 1코를 안뜨기한다. | 별도의 바늘에 옮긴 코를 겉뜨기한다.

왼코 위 2코와 1코 교차뜨기(아래쪽 안뜨기)
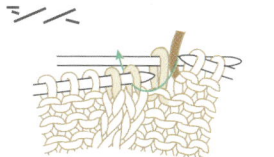
별도의 바늘에 1코를 옮겨 뒤쪽에 놓고, 다음 2코를 겉뜨기한다. | 별도의 바늘에 옮긴 코를 안뜨기한다.

감아코
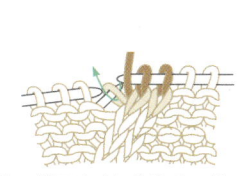

오른코 위 돌려 교차뜨기(아래쪽 안뜨기)
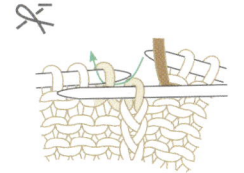 
별도의 바늘에 1코를 옮겨 앞쪽에 놓고, 다음 1코를 안뜨기한다. | 별도의 바늘에 옮긴 코를 돌려뜨기한다.

왼코 위 돌려 교차뜨기(아래쪽 안뜨기)

별도의 바늘에 1코를 옮겨 뒤쪽에 놓고, 다음 1코를 돌려뜨기한다. | 별도의 바늘에 옮긴 코를 안뜨기한다.

안뜨기 기호 표시 방법
안뜨기 기호는 기호 위에 「―」가 붙는다.

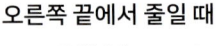 뜨는 방법 (가장자리에서 2코 이상 줄여 완만한 곡선으로 코 줄이는 방법)　　※ 도 동일하다

오른쪽 끝에서 줄일 때

1. 셋째 단. 첫째 코를 오른쪽 바늘로 옮기고, 둘째 코를 뜬 다음 오른쪽 코로 덮어 씌운다.
2. 다음 코를 뜨고, 오른쪽 코로 덮어씌운다.
3. 완만한 곡선

왼쪽 끝에서 줄일 때

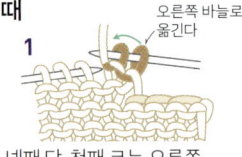

1. 넷째 단. 첫째 코는 오른쪽 바늘로 옮기고, 둘째 코를 뜬 다음 오른쪽 코로 덮어 씌운다.
2. 오른쪽 끝에서 줄일 때의 2와 같은 방법으로 다음 코를 뜨고, 오른쪽 코로 덮어씌운다.

《코 막는 방법》

1코 고무뜨기 막기(원형뜨기일 때)

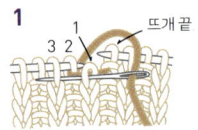   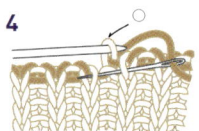 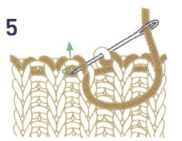 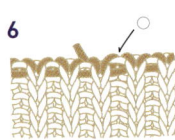

1. 2의 코에 돗바늘을 넣고, 이어서 1과 3의 코에 돗바늘을 넣는다.
2. 겉뜨기를 건너뛰어 안뜨기와 안뜨기에 돗바늘을 넣는다.
3. 안뜨기를 건너뛰어 겉뜨기와 겉뜨기에 돗바늘을 넣는다.
4. 2~3을 반복하고, 마지막은 1의 코에 돗바늘을 넣는다.
5. ○의 코와 2의 코(안뜨기)에 돗바늘을 넣어 화살표 방향으로 빼낸다.
6. 1코 고무뜨기 막기 완성.

1코 고무뜨기 막기(평면뜨기일 때)

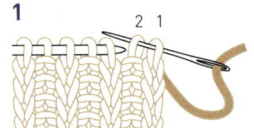 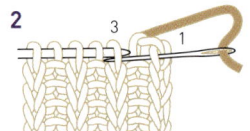 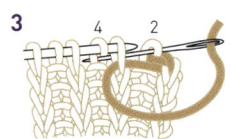  

1. 1의 코는 뒤쪽에서 앞쪽으로, 2의 코는 앞쪽에서 뒤쪽으로 돗바늘을 넣어 실을 잡아당긴다.
2. 2의 코를 건너뛰어 1의 코와 3의 코(겉뜨기끼리)에 그림처럼 돗바늘을 넣는다.
3. 3의 코를 건너뛰어 2의 코와 4의 코(안뜨기끼리)에 돗바늘을 넣는다.
4. 2~3을 반복하고, 안뜨기 코와 마지막 코에 그림처럼 돗바늘을 넣는다.
5. 왼쪽 끝 2코에 그림처럼 돗바늘을 넣어 실을 잡아당긴다.

《잇는 방법, 꿰매는 방법》

빼뜨기 잇기
편물을 겉끼리 맞대고, 코바늘을 이용해 빼뜨기로 잇는다. 편물이 수축하지 않도록 약간 느슨하게 실을 끌어낸다.

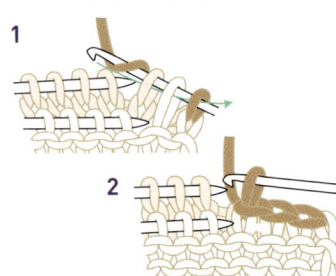

덮어씌워 빼뜨기 잇기(코바늘)
편물을 겉끼리 맞대고, 코바늘로 뒤쪽의 코를 끌어낸 다음 빼뜨기로 잇는다.

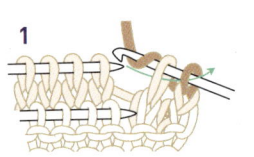
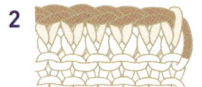

떠서 꿰매기
시작코의 남은 실로 밑단이나 소맷부리쪽부터 꿰매고, 실이 부족하면 새로운 실을 이어서 계속 꿰맨다.

빼뜨기 꿰매기
편물을 겉끼리 맞대고, 가장자리에서 첫째 코와 둘째 코 사이에 코바늘을 넣어서 실을 걸어 끌어낸다.

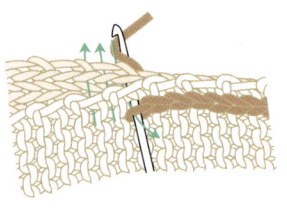

래글런 소매 꿰매는 방법

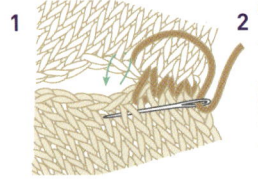 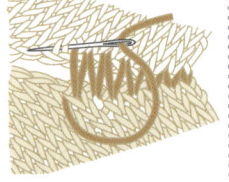

1. 몸판과 소매 밑 선의 덮어 씌우기한 코를 메리야스 잇기로 연결한다.
2. 2단마다 있는 줄임코는 그림처럼 돗바늘을 넣는다.

코와 단 잇기

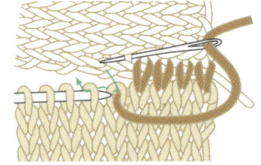

대부분 맞대어 잇는 단수가 콧수보다 많으므로 그 차이를 동일한 간격으로 나눠 군데군데 1코에 2단씩 뜨면서 균형을 맞춰 잇는다.

메리야스 잇기

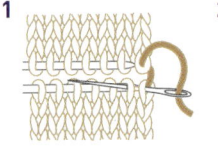 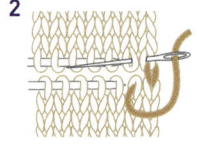

1. 편물을 나란히 놓고 겉쪽에서 아래쪽 코에 돗바늘을 넣는다.
2. 위쪽 코에 돗바늘을 넣어 코를 만들면서 잇는다.

코바늘뜨기 기초

《뜨개 기호와 뜨는 방법》

◯ 사슬뜨기

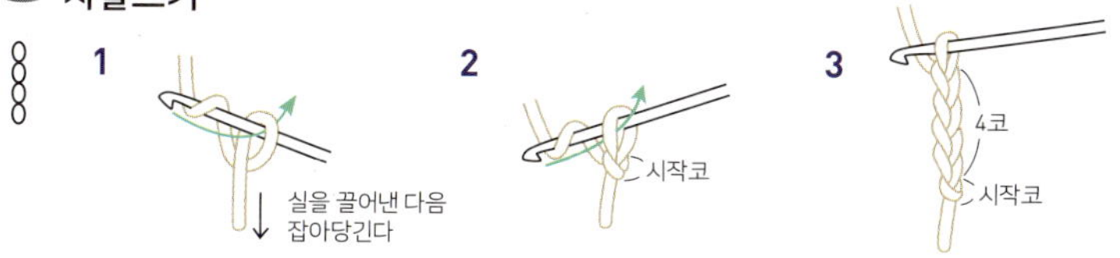

1. 실을 끌어낸 다음 잡아당긴다
2. 시작코
3. 4코 / 시작코

× 짧은뜨기

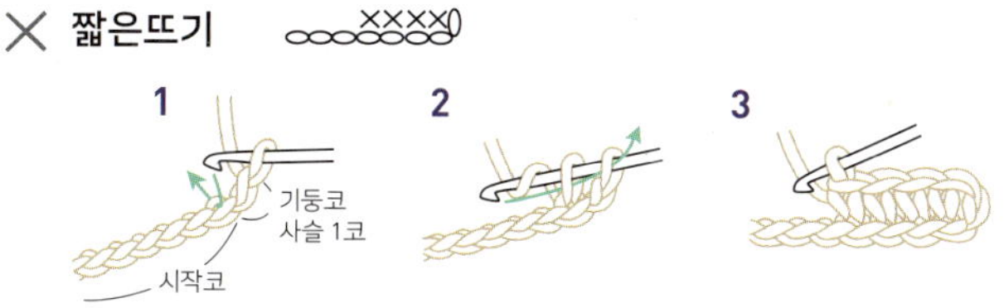

1. 기둥코 사슬 1코 / 시작코
2.
3.

┬ 긴뜨기

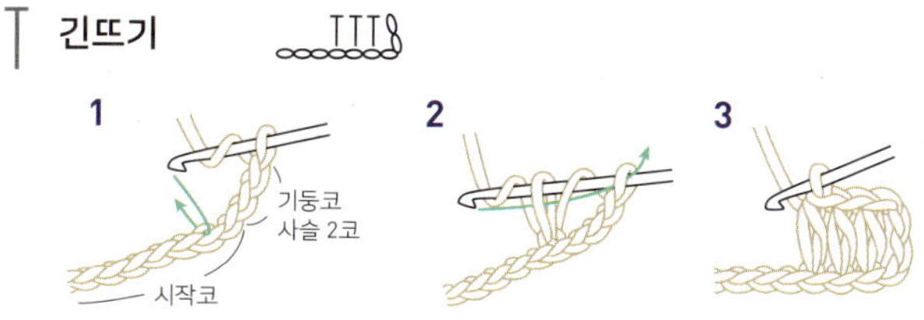

1. 기둥코 사슬 2코 / 시작코
2.
3.

┬ 한길 긴뜨기

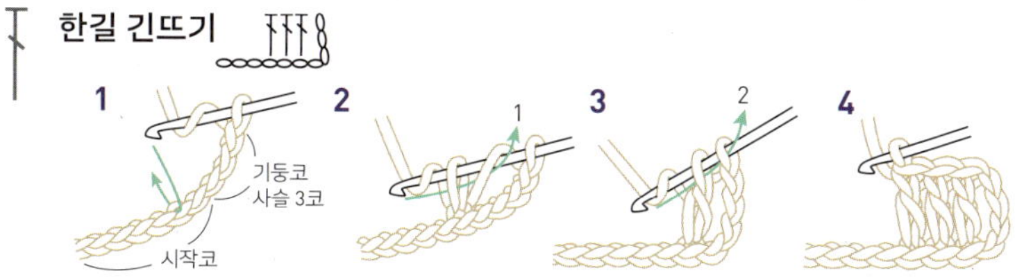

1. 기둥코 사슬 3코 / 시작코
2.
3.
4.

┬ 두길 긴뜨기

1. 시작코 / 기둥코 사슬 4코 / 2회 감기
2.
3.
4.
5.

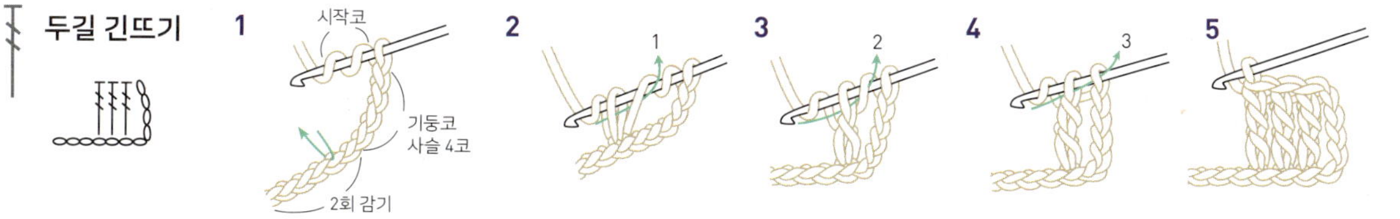

세길 긴뜨기는 두길 긴뜨기의 방법으로 바늘에 실을 3회 감아서 같은 방법으로 뜬다. (네길, 다섯길 긴뜨기도 같은 방법으로 뜬다.)

긴 3코 변형 구슬뜨기

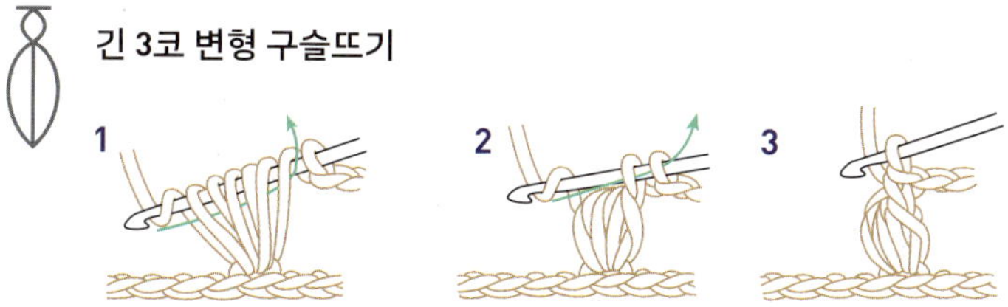

1. 같은 코에 미완성 긴뜨기를 3코 뜨고, 바늘에 실을 걸어 화살표처럼 빼낸다.
2. 바늘에 실을 걸어 2개의 고리 안으로 한 번에 빼낸다.
3.

한길 긴 3코 구슬뜨기

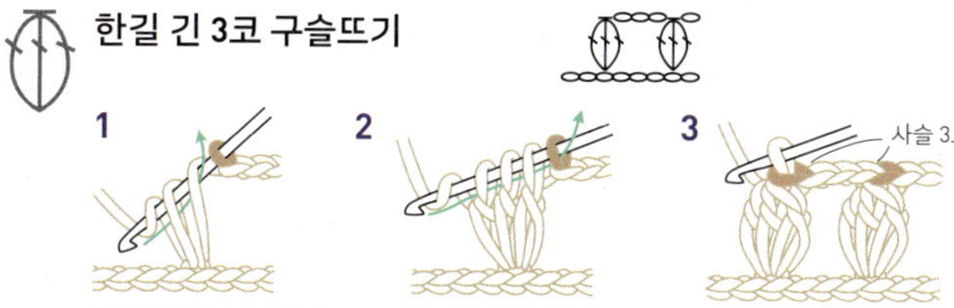

1. 미완성 한길 긴뜨기를 3코 뜬다. (그림은 첫째 코.)
2. 바늘에 실을 걸어 한 번에 빼낸다.
3. 사슬 3코

한길 긴 5코 팝콘뜨기

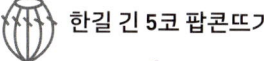

1.  같은 코에 한길 긴뜨기를 5코 떠넣는다.
2. 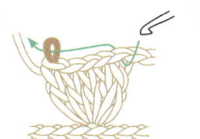 바늘을 빼고, 화살표처럼 첫째 코에서 다시 바늘을 넣는다.
3. 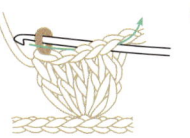 화살표처럼 코를 끌어낸다.
4. 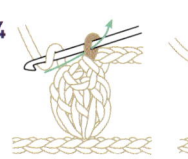 바늘에 실을 걸어 사슬뜨기와 같은 방법으로 1코를 뜬다. 이 코가 머리가 된다.

안쪽을 보고 뜰 때

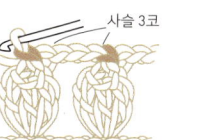 사슬 3코

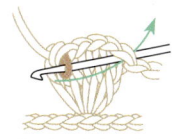 바늘을 뒤쪽에서 넣어 화살표처럼 끌어내고, 왼쪽 그림 4와 같은 방법으로 뜬다.

사슬 3코 피코뜨기

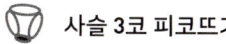

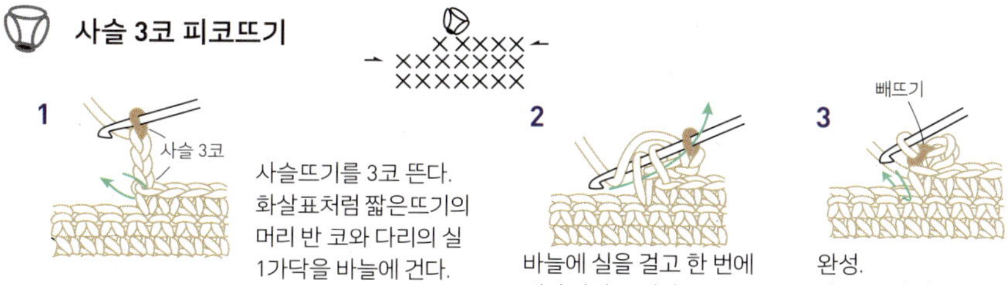

1.  사슬 3코 / 사슬뜨기를 3코 뜬다. 화살표처럼 짧은뜨기의 머리 반 코와 다리의 실 1가닥을 바늘에 건다.
2. 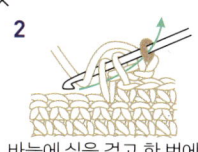 바늘에 실을 걸고 한 번에 빼서 바짝 조인다.
3. 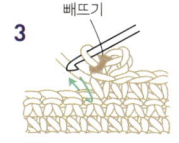 빼뜨기 / 완성. 다음 코에 짧은뜨기를 한다.

기호 보는 법

기호 밑부분이 붙어 있을 때

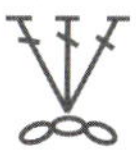

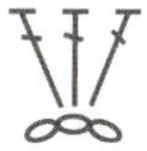

앞 단의 코에 바늘을 넣어서 뜬다

기호 밑부분이 떨어져 있을 때

앞 단의 사슬뜨기 고리를 바늘에 걸어서 뜬다

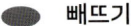 빼뜨기

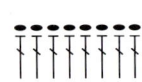

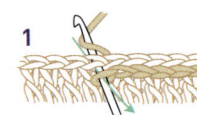

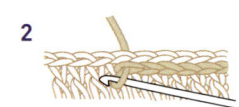 짧은뜨기 이랑뜨기 ※왕복으로 뜬 것이 '이랑뜨기'

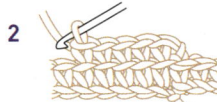

앞 단 코의 뒤쪽 실을 바늘에 건다.   줄무늬가 생기게 뜬다.

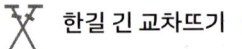 한길 긴 교차뜨기

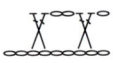

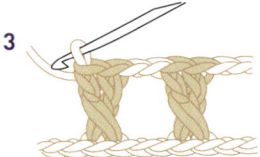

1코 건너뛰어 한길 긴뜨기를 하고, 바늘에 실을 걸어 1코 이전 코에 바늘을 넣는다.

바늘에 실을 걸고 끌어내어 한길 긴뜨기를 한다.

한길 긴 교차뜨기를 뜬 모습.

 한길 긴 앞걸어뜨기

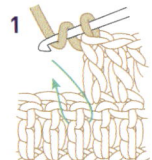

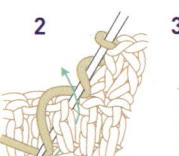

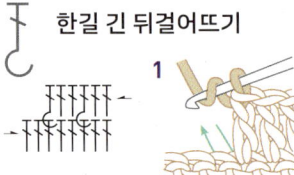

한길 긴 뒤걸어뜨기

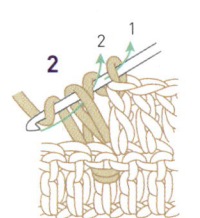

바늘에 실을 걸고, 앞 단의 다리를 화살표처럼 앞쪽에서 바늘로 뜬다.

바늘에 실을 걸어 앞 단의 코나 옆 코가 당겨지지 않도록 주의하며 한길 긴뜨기를 한다.

바늘에 실을 걸고, 앞 단의 다리를 화살표처럼 뒤쪽에서 바늘로 뜬다.

실을 길게 끌어내어 한길 긴뜨기와 같은 방법으로 뜬다.

 짧은 2코 늘려뜨기

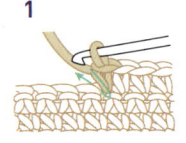

 한길 긴 2코 늘려뜨기

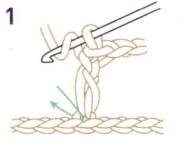

같은 코에 짧은뜨기를 2코 뜬다.

같은 코에 한길 긴뜨기를 2코 뜬다.

 짧은 3코 늘려뜨기

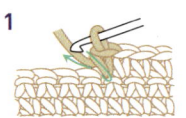

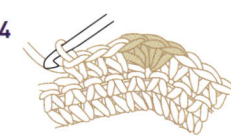

같은 코에 짧은뜨기를 1코 더 뜬다.

같은 코에 1코 더 뜬다.

완성. 2코가 늘어난다.

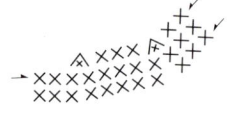 짧은 2코 모아뜨기

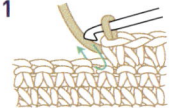

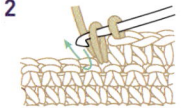

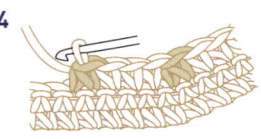

짧은뜨기와 같은 방법으로 실을 끌어낸다.

다음 코에 1과 같은 방법으로 실을 끌어낸다.

2코를 한 번에 뜬다.

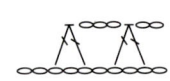 한길 긴 2코 모아뜨기

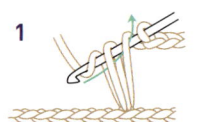

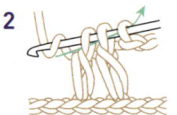

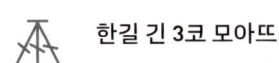 한길 긴 3코 모아뜨기

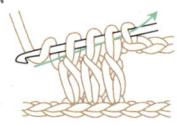

미완성 한길 긴뜨기를 2코 뜬다.

2코를 한 번에 뜬다.

2코 모아뜨기와 같은 방법으로 미완성 한길 긴뜨기 3코를 한 번에 뜬다.

《원형뜨기 시작하는 방법》 실 끝으로 원을 만드는 방법

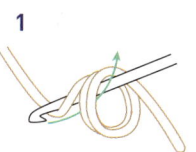

1

원을 2겹으로 만들고, 실을 걸어 끌어낸다.

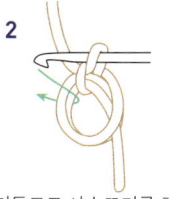

2

기둥코로 사슬뜨기를 하고, 고리 안으로 바늘을 넣어 필요한 콧수를 뜬다.

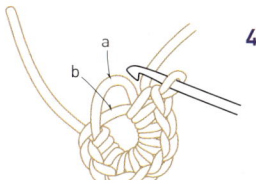

3

실 끝을 당겼을 때 움직이는 a의 고리를 잡아당겨서 b의 고리를 조인다.

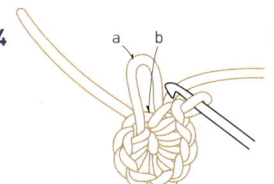

4

실 끝을 잡아당겨서 a의 실을 조인다.

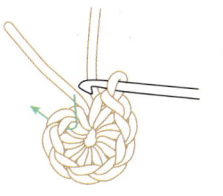

5

첫째 코의 머리를 바늘로 떠서 빼뜨기를 한다.

6

《모티브 연결하는 방법》

빼뜨기를 하면서 연결하는 방법

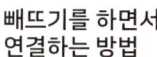

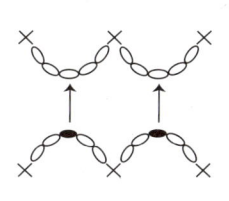

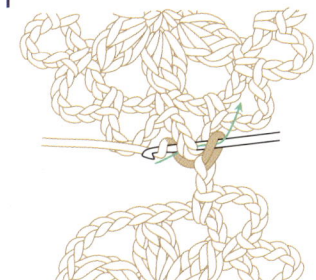

1

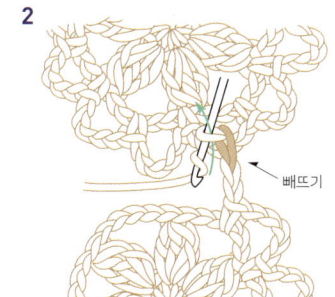

2

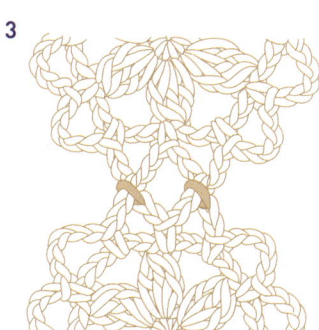

3

《잇는 방법》

사슬뜨기로 잇기

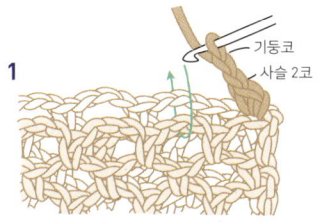

1

편물을 겉끼리 맞대고, 사슬뜨기(콧수는 편물에 따라 다르다)를 한 다음 편물 2장의 고리를 바늘로 떠서 짧은뜨기를 바짝 조여 뜬다.

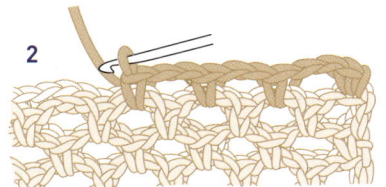

2

편물이 수축하거나 너무 느슨해지지 않도록 떠서 연결한다.
※편물에 따라 짧은뜨기를 빼뜨기로 바꿔서 잇는 경우도 있다.

한 코 감아 잇기

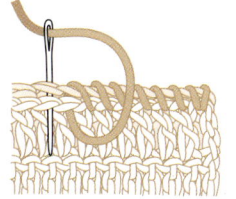

편물을 안끼리 맞대고, 1코씩 뜨개코의 머리 부분을 전부 돗바늘로 떠서 실을 잡아당겨 조인다.(사슬뜨기를 감침질할 때는 사슬뜨기를 모두 돗바늘로 뜬다.)

반 코 감아 잇기

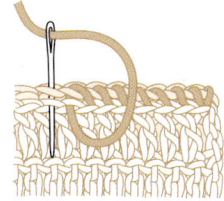

편물을 안끼리 맞대고, 안쪽의 반 코씩 돗바늘로 떠서 감침질한다.

《꿰매는 방법》

사슬뜨기로 꿰매기

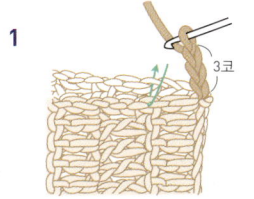

1

편물을 겉끼리 맞대고, 시작코의 가장자리 코를 바늘로 떠서 꿰맬 실을 끌어낸 다음 편물 한 단 길이의 사슬을 뜨고, 짧은뜨기를 한다.

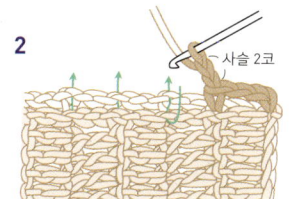

2

사슬뜨기, 짧은뜨기를 반복하여 한 단씩 꿰맨다.(무늬에 따라 사슬의 콧수가 달라진다.)
※편물에 따라 짧은뜨기를 빼뜨기로 바꿔서 꿰매는 경우도 있다.

《실 건네는 방법》

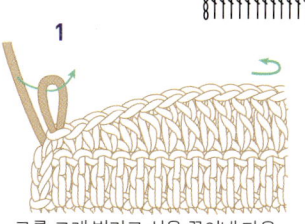

1

코를 크게 벌리고 실을 끌어낸 다음 편물을 뒤집는다.

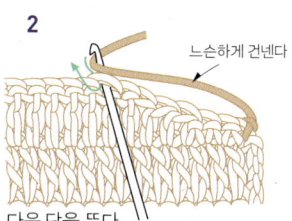

2

다음 단을 뜬다.

작품 디자인
오카 마리코, 오카모토 게이코, 가네코 쇼코, 가마타 에미코, 가와이 마유미,
가와지 유미코, 시다 히토미, 하시모토 마유코, 하라다 사요코, 후카세 토모미,
마쓰모토 에이코, 요코야마 준코, erico, Knitting.RayRay(레이레이)

북 디자인	호리에 교코
촬영(책 표지, P1~35)	미요시 노부히로
(P.36~39, 과정 촬영)	나카쓰지 와타루
스타일링	간노 사토미
헤어&메이크업	다카마쓰 유카
모델	로드리 아케미
의상	안도 디자인, 시로쿠마 공방
편집	오카노 도요코(리틀 버드)
편집 총괄	아사히신문출판 생활·문화편집부(하야시 가오리)
발행	이마다 슌

봄여름의 뜨개

초판 1쇄 인쇄일 2023년 6월 19일
초판 1쇄 발행일 2023년 6월 30일

엮은이 아사히 출판 편집부
옮긴이 방현희

발행인 윤호권
사업총괄 정유한

편집 인스튜디오 **디자인** 서윤하 **마케팅** 윤주환
발행처 ㈜시공사
주소 서울시 성동구 상원1길 22, 6-8층(우편번호 04779)
대표전화 02-3486-6877 **팩스(주문)** 02-585-1755
홈페이지 www.sigongsa.com/www.sigongjunior.com

ⓒ 아사히 출판, 2023

이 책의 출판권은 ㈜시공사에 있습니다. 저작권법에 의해
한국 내에서 보호받는 저작물이므로 무단 전재와 무단 복제를 금합니다.
ISBN 979-11-6925-972-9 13590

*시공사는 시공간을 넘는 무한한 콘텐츠 세상을 만듭니다.
*시공사는 더 나은 내일을 함께 만들 여러분의 소중한 의견을 기다립니다.
*미호는 아름답고 기분좋은 책을 만드는 ㈜시공사의 라이프스타일 브랜드입니다.
*잘못 만들어진 책은 구입하신 곳에서 바꾸어 드립니다.

Flax de Amu, Harunatsu no Amimono
Copyright ⓒ 2019 Asahi Shimbun Publication Inc., All rights reserved.
Original Japanese edition published in Japan
by Asahi Shinbun Publications Inc.,
Korean translation rights arranged with Asahi Shinbun Publications Inc.,
through Imprima Korea Agency.

이 책의 한국어판 저작권은 임프리마 코리아 에이전시를 통해 저작권자와
독점 계약을 맺은 ㈜시공사에 있습니다.
저작권법에 의해 한국 내에서 보호를 받는 저작물이므로 소개된 작품의
전체 또는 일부를 무단 전재, 무단 복제 및 상품화할 수 없으며
공모전 등의 제출을 금합니다.